ZWILLINGE
das Magazin

Das Mitmach-Magazin für Zwillings- & Drillingseltern

Band 38
Mai/Juni 2019

© Marion von Gratkowski
Postfach 40 11 11
D-86890 Landsberg
Tel. 0049-(0)8344-809 95 39
info@twins.de
www.twins.de
Redaktion: Marion von Gratkowski
Titelfoto: Familie Klauschk
Fotos & Texte: Privat
Herstellung & Verlag: BoD - Books on Demand, Norderstedt
1. Auflage Mai 2019
ISBN 978-3-7347-9177-2

INHALTSVERZEICHNIS: Ausgabe 38 - Mai/Juni 2019

2 Impressum

3 Inhaltsverzeichnis

4 Editorial

5 Bezugsbedingungen

8 Schwangerschaft & Geburt oder vier Kinder unter vier

11 Ihre Beiträge in unserem Heft

12 Buch: Mein Baby verstehen

14 Zwillinge von 2 Vätern?

16 Fläschchenfüttern in der Kiste

18 Schnelle Tipps - praktische Ideen

20 Das neue Zwillingskissen mit Köpfchen im Elterntest

24 Topf-Tipps für Zwillinge

24 Statt Topftraining etwas Geduld

28 Lauflernwagen im Test

30 Laufrad - Balancieren lernen

32 Leon & Leonie feiern Geburtstag bei den Ingolstädter „Schanzern"

36 Alles in einem Topf: Kochen für die Familie

40 Fotoparade: Coole Brillen

42 Streiteritis liegt Kindern im Blut

44 Wie das Leben so spielt: Alle vier krank - meine Urlaubswoche verloren

48 Keine Trennung im Kindergarten

50 Einmal Fan, immer Fan

51 Kolumne: Rund geht's

54 Zwillingsbasar: zu Gast in Haslach bei Wangen im Westallgäu

56 MehrlingsABC mit Inga Sarrazin

59 Trunki: Idealer Kinderkoffer

60 Wir fliegen in den Spreewald

63 Fliegen mit Kindern

66 Zu guter Letzt: ... Wenn der Vater mit den Söhnen ...

68 Bisher erschienene Hefte

ZWILLINGE - DAS MAGAZIN Ausgabe Mai/Juni 2019 Nr. 38: 7,99 €, auch als E-Book für 5,99 €.
ISBN 978-3-7347-9177-2

Bestellbar auf www.twins.de oder im Buchhandel - online & Laden.

EDITORIAL: Jetzt kann der Sommer kommen - wir in Italien

*Liebe Leserin, lieber Leser,
liebe Zwillingseltern, liebe Drillingseltern,*

gerade komme ich aus Bad Homburg zurück, wo ich während der Ostertage unseren Zwillingssohn Constantin besucht habe ... der mit dem eigenen Restaurant, in dem ich wieder vorzüglich gegessen habe. Die Urlaubssaison ist bei uns ausgebrochen, denn in nur wenigen Tagen bereits steht dann Maximilian vor der Tür. Ein Junggesellenabschied steht an. Und nicht lange danach, haben wir die ganze Kleinfamilie aus Hamburg bei uns: Max, Steffi und das Finchen.

Constantin (von links), Nicolai, Maximilian und Marion von Gratkowski

„Omarion" im ersten Babysitter-Einsatz ab Mai

Dann soll ich meinen ersten Einsatz als Babysitter haben, denn nach dem Junggesellenabschied eines Freundes folgt die Hochzeit und die wollen Max und Steffi unbeschwert genießen können.
Den Namen „Omarion" habe ich einer Leserfamilie zu verdanken, da wird die Oma im Scherz schon mal „Omaria" genannt (sie heißt eigentlich Maria). Da Josephine jeden Freitag von der anderen Oma (Hilda) betreut wird, muss ich mir ja einen anderen, treffsicheren Namen geben.
Wenn dann das erste Babysitten gut geklappt hat, soll ein zweites von zwei Tagen Dauer folgen, damit die jungen Eltern ein wenig allein ausspannen können. Danach vereinen wir uns alle in Südtirol zum gemeinsamen Wandern. Eine sichere und bequeme Rückentrage (Kraxe) für unseren jüngsten Wanderteilnehmer wurde bereits angeschafft. Meinen zweiten Einsatz als Babysitter habe ich dann in Hamburg, wenn Mama Steffi im September wieder arbeiten muss und das Finchen erst ab November einen Krippenplatz hat. Die Omas teilen sich die Zeit bis dahin.

In diesem Heft wieder viel Lesestoff für jeden

Vorher müssen aber noch ein paar Hefte fertig werden. Zum Beispiel jetzt. Was gibt's zu lesen? Weitere Fütterungstipps ab Seite 16, ein paar Topf-Tipps ab Seite 24, über einen Laufwagentest lest Ihr ab Seite 28, wir machen beim Geburtstag von Leon und Leonie mit (Seite 32), Kochen für die Familie (ab Seite 36) und fliegen mit Zwillingen in den Urlaub (Seite 60).

Viel Spaß beim Lesen - Ihre/Eure Marion von Gratkowski

ZWILLINGE - DAS MAGAZIN Nr. 39: Was ist darin geplant?

Zu folgenden Bereichen/Themen suchen wir noch Beiträge:

- Schwangerschaft & Geburt
- Kaiserschnitt
- Stillen
- Fläschchen füttern
- Schlaflose Nächte
- Umstellung auf feste Kost (Brei)
- Mobil bleiben mit Zwillingen
- Badethemen
- Erziehungsthemen aller Art
- Streit, Konkurrenz oder
- enge Verbindung von Zwillingen
- Kindergartenstart
- Schule - Trennung oder nicht?
- Urlaubsideen für den Sommer
- Rezepte für das Backen & Kochen mit Zwillingen

Wie Sie Ihre Beiträge schicken können, steht auf Seite 11.

Was finde ich jetzt wo, wenn es hier nicht mehr steht?

- Termine & Veranstaltungen finden Sie ab sofort auf unserer Internetseite www.twins.de
- Eine Übersicht über unser komplettes Buchprogramm finden Sie ebenfalls auf unserer Homepage unter www.twins.de
- Auch all die Hefte der bisherigen Zeitschrift, die man sich noch bestellen kann, sind unter www.twins.de zu finden.
- Neuerungen werden auch auf Facebook auf unserer Seite „zeitschrift zwillinge" oder im Blog www.zwillingemachenkriegenhaben.de bekannt gegeben.

Es lohnt sich also immer, auch einmal einen Blick auf unsere Homepage zu werfen oder einfach den newsletter auf www.twins.de zu abonnieren, da wir Sie dann immer einmal wieder mit unseren Neuerungen bekannt machen.

BEZUGSBEDINGUNGEN

- ZWILLINGE - DAS MAGAZIN löst unsere bisherige Zeitschrift ZWILLINGE ab.
- Erscheinungsweise: zweimonatlich.
- Erscheinungstermine sind: 1. Juni 2019 und 29. Juli 2019 (unter Vorbehalt) usw.
- Das Magazin kann einzeln oder im Jahres-Abonnement bezogen werden.
- Einzelhefte kosten 7,99 Euro plus Porto 1,- Euro.
- Das Jahres-Abonnements kostet 52,- €.
- Es beginnt mit Ausgabe Januar/Februar 2019 und endet mit Ausgabe November/Dezember 2019.
- Andere Laufzeiten für das Jahresabo sind nicht möglich.
- Die Kündigung muss schriftlich erfolgen per E-Mail an info@twins.de oder per Brief (KEIN Einschreiben!!!) an unsere Adresse:
- ZWILLINGE, Postfach 40 11 11, D-86890 Landsberg am Lech.
- Unser Fax: 0049-(0)8344-809 95 40.
- Einzelhefte und Abonnements müssen vorausbezahlt werden.
- Unsere Bankverbindung: Hypovereinsbank Landsberg, Lutz von Gratkowski, IBAN: DE77 7202 0070 6110 3155 60, SWIFT-BIC: HYVEDEMM408
- Zahlung per Paypal geht in Verbindung mit unserer E-mail-Adresse. info@twins.de ABER: **Bitte Gebühren zu Ihren Lasten!**
- Alle Rechte für den Inhalt liegen bei Marion von Gratkowski, Verlag von Gratkowski, Postfach 40 11 11, D-86890 Landsberg.
- Unsere Internetpräsenz: www.twins.de, E-mail: info@twins.de
- Etwas unklar? Rufen Sie mich bitte an: Tel. 08344-809 95 39.

LESERBRIEFE: Euer Kontakt zur Redaktion

Briefe an die Redaktion

Eigentlich wollten wir die Rubrik „Leserbriefe" weglassen. Aber es wäre doch schade, wenn unsere Leserinnen und Leser keinen Beitrag mehr kommentieren dürften. Also - einigen wir uns darauf, nur zwei Seiten (statt bisher vier) zu veröffentlichen.

Auch Familie G. hat jetzt eine kleine Josephine. Nach Erhalt von ZWILLINGE - DAS MAGAZIN schickte Zwillingsmama Jasmin uns die frohe Botschaft. Für die, die es noch nicht wissen: Unsere kleine Josephine ist mein erstes Enkelkind.

Heute habe ich mich über das schöne Heft gefreut, ich melde mich jetzt mit frohen Neuigkeiten und schönen Fotos.
Unsere Zwillinge Theo und Paul sind mittlerweile schon 4,5 Jahre alt und unsere Charlotte wird im Mai 7. Der Alltag wird allmählich leichter, deshalb haben wir uns gedacht, noch ein Baby wäre auch schön. Somit wurde im Februar unser viertes Kind, unsere Josephine, geboren. Ich habe mich gefreut zu lesen, dass Sie auch eine Josephine haben in der Familie, sogar mit gleicher Schreibweise. Uns geht es sehr gut mit unserer Kinderschar, beim vierten Kind sitzen die Handgriffe, dennoch muss sich jetzt alles wieder einspielen und es bleibt turbulent. Jeder Tag bringt neue Abenteuer.

Vielen Dank auch an Zwillingsmama Dorothea, ihre Berichte lese ich immer als erstes. Es ist schön, dass es auch bei anderen so zugeht wie bei uns zu Hause und immer wieder lustig zu lesen.
Liebe Grüße - Familie G.

Das sagt die Redaktion dazu: Oh, wie schön! Noch ein Josephinchen.

Monika F. fühlte sich vom Beitrag über die so verschiedenen Zwillinge im letzten Heft (ZWILLINGE - DAS MAGAZIN Nr. 37) angesprochen.

Mit Interesse habe ich Euer letztes Heft gelesen. Ich könnte zu vielen Beiträgen etwas schreiben. Einer der interessantesten Beiträge handelte von Pärchen-Zwillingen, die sehr unterschiedlich sind. Das hat mich gleich sehr an unsere eigenen Kinder erinnert.
Unsere Zwillinge sind zwei Jungs, also kein Pärchen, von dem man sowieso annimmt, dass sie sich unterscheiden werden. Tino ist verspielt und ruhig, Jano ist ein rechter Draufgänger. Sie sind jetzt vier. Ich bin gespannt, ob das so bleibt oder ob die Rollen auch einmal wechseln. Es bleibt jedenfalls spannend.

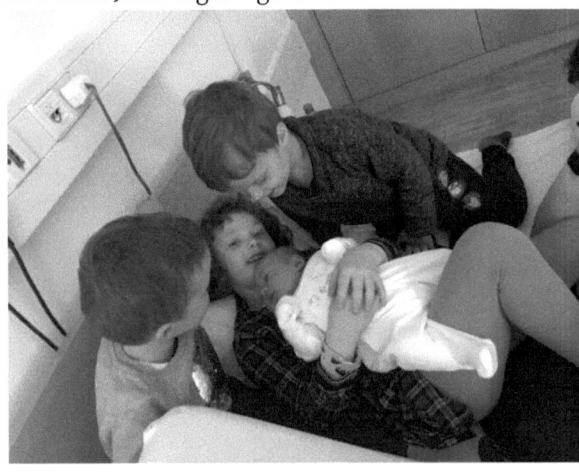

Kleeblatt komplett: Zwillingsfamilie G. freut sich über nochmal Nachwuchs.

Und noch eine gute Idee, wie sich die Fläschchenfütterung einfacher gestalten lässt.

Zwillingsmutter Brigitte schickt uns einen weiteren Tipp, wie es mit dem gleichzeitigen Fläschchenfüttern einfach wird.
Als unsere Zwillinge ihr Fläschchen noch nicht selbst halten konnten, aber schon so gut tranken, dass es ohne Verschlucken ging, kam ich auf die Idee, die beiden in ihren Babysitz zu legen und ihnen aus einem Nackenhörnchen eine Art Flaschenstütze zu bauen. Das hat prima funktioniert wie man auf dem Foto sieht.

Das sagt die Redaktion dazu: Her mit Euren Tipps. Wir können nicht genug kriegen von praktischen Ideen. Oft reichen ein paar Zeilen um einen ganzen interessanten Beitrag daraus zu machen.
Schreibt einfach an **info@twins.de** und schickt Fotos mit **WeTransfer**.

Empfehlung: Restaurant Hongkong in Wangen

Unseren Besuch auf dem Wangener Zwillingsbasar nutzten wir, um Familie Poon zu besuchen, die in Wangen das Restaurant Hongkong (gleich neben dem Stammtischtreffpunkt der Wangener Zwillingseltern) betreibt. Wir sind mit den Poons befreundet, seit ihr Sohn Carlo drei Jahre bei uns lebte, um die Waldrofschule in Landsberg zu besuchen. Unser Tipp: super Essen, freundliche Bedienung & Preise, die man gerne zahlt. (MvG)

Ein Buch vom Anderssein von Zwillingen

Das Buch kann man direkt bei Jannika Bock bestellen: Es kostet 19€ plus 2€ Versand. Wenn Ihr ein Buch haben möchtet, schreibt bitte an tvilling.books@gmail.com.

SCHWANGERSCHAFT: Unverhofft kommt oft - Zwillinge

Vier Kinder unter 4? Wie schafft man das? So ... zum Beispiel

Eigentlich war die Familienplanung nach der Geburt zweier Töchter bereits abgeschlossen. Doch dann fühlte sich Michaela schlecht und ging zum Arzt. Wieder schwanger. In SSW 18 dann der Schock: Zwillinge. Doch Michaela hat sich arrangiert und meistert ihren Alltag mit Zuversicht.

„Jetzt oder nie" ... habe ich mir gedacht, als das neue ZWILLINGE - DAS MAGAZIN kam und einige davon berichteten, wie sie ihren Alltag mit drei Kindern unter drei meistern. Wir haben sogar vier Kinder unter vier!

Die Schwangerschaft verlief super, mir ging es blendend!

Ich bin 31 Jahre alt und Mutter von vier gesunden Kindern. Tochter Vanessa kam im Juni 2014 zur Welt, Tochter Janina dann im März 2016. „Unsere Familie ist komplett" ... dachten wir.

> **Was ist ein Triple-Test?**
>
> Beim Triple-Test wird die Konzentration dreier Hormone im Blut der Schwangeren untersucht, um Rückschlüsse auf Besonderheiten beim ungeborenen Kind zu ziehen. Der Test gilt in der Pränataldiagnostik eher als unsichere Methode. Im Englischen wird er auch als MoM-Test bezeichnet: MoM = Multiples of the Median, englisch: Das Vielfache der Median-Konzentration.
>
> Quelle: Wikipedia

Im Dezember ging ich zum Arzt, weil ich einige Beschwerden hatte. Die Beschwerden stellten sich dann als Schwangerschaft heraus. Ich war erneut schwanger!
Nach dem ersten Schock (vor allem bei meinem Mann) war klar: ok, ein drittes Kind war zwar nicht geplant (zumindest nicht so schnell nach dem zweiten ...), aber wir freuten uns. Die Schwangerschaft verlief normal, es gab keine Probleme wie bei den Schwangerschaften vorher auch. In der 16. Schwangerschaft wurde Blut abgenommen für einen Triple-Test (siehe Kasten).
Irgendwann in der 18. Schwangerschaftswoche spürte ich erste Kindsbewegungen, aber alles schien irgendwie anders zu sein. Ich dachte zunächst, mit dem Kind könnte irgendetwas nicht in Ordnung sein.

Zwillinge?! Da waren wir erst einmal wirklich baff!

Bei der nächsten Untersuchung in der 21. Schwangerschaftswoche bekam ich auf Nachfragen, ob das Ergebnis des Triple-Tests in Ordnung sei, vom Arzt erst einmal keine Antwort. Er meinte nur, wir würden erst einmal eine Ultraschalluntersuchung machen und dann würden wir weiter

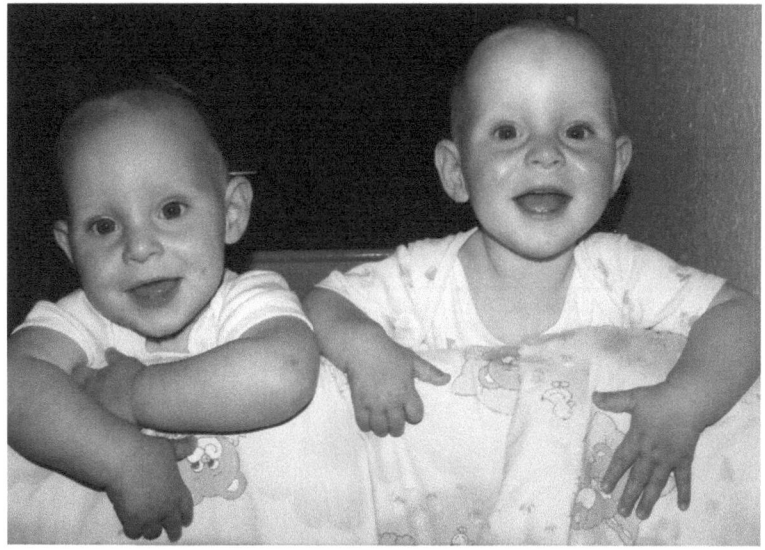

Dennis und Dominik (hier elf Monate) machen wenig Probleme. Ob sie ein- oder zweieiig sind, haben wir nicht testen lassen. Sie sehen sich aber sehr ähnlich, nicht?!

sehen. Meine Befürchtungen schienen sich zu bestätigen.
Aber der Ultraschall brachte dann die Antwort: Es waren zwei Kinder zu sehen. Von Freude konnte erst einmal keine Rede sein. Mein Mann und ich waren total geschockt. Ich habe erst einmal zwei Tage lang nur geheult.

Wie soll man das schaffen?

Viele Fragen kamen auf und die drängendste war: Wie sollten wir das schaffen? Nichts war mehr wie vorher. Vier Kinder zwischen 0 und 3 - ein Albtraum.
Nach einer weiteren Untersuchung in der Unikinik war definitiv klar: wir bekommen Zwillinge und alles ist in Ordnung, wenigstens mit der Schwangerschaft und den Zwillingen.
Nun ging es ans Organisieren: Unsere Tochter Vanessa bekam auf Sonderantrag doch noch einen Platz im Kindergarten. Die komplette Erstlingsausstattung, die ja vorhanden war, musste verdoppelt werden. Dann ging's ans Kinderwagen kaufen - eine Zwillingskutsche musste her. Wir entschieden uns für einen TfK und sind sehr zufrieden damit. Auch das Auto war zu klein. Es blieb uns nichts anderes übrig, als einen VW-Bus zu kaufen. Im Nachhinein eine sehr gute Entscheidung, denn hier ist wirklich genug Platz für alle Kinder und auch noch für Gepäck.
Die Schwangerschaft verlief großartig. Ich strotzte nur so vor Kraft udn Energie, auch wenn ich keine Chance hatte, mich zu schonen. Der Sommer war heiß, der Bauchumfang enorm und unsere zweite Tochter Janina fing erst vier Wochen vor der Geburt der Zwillinge zu laufen an. Da sie vorher nicht gekrabbelt war, musste ich sie die ganze Schwangerschaft ständig mit mir herumschleppen. Trotzdem haben die Zwillinge bis zuletzt ausgehalten.

Die Jungs hielten bis zum Schluss aus ...

Zwei Tage vor dem errechneten Termin kamen unsere Zwillinge am 16. September 2017 zur Welt. Dennis mit 2.480 Gramm und 48 Zenitmeter Länge, Dominik mit 2.780 Gramm und 50 Zentimeter Länge. Kein Kaiserschnitt.

Ich hatte mich vorher entschlossen, meine Zwillinge zu stillen, aber nicht um jeden Preis. Ich habe die beiden von Anfang an nacheinander gestillt. Da ich in der Klinik aber eine eitrige Entzündung an der Dammnaht bekam und nicht aufstehen konnte, habe ich zwei Tage lang abgepumpt und mit der Flasche gefüttert. Da meine Zwerge aber nach wenigen Tagen schon 100 Gramm pro Mahlzeit tranken und das bei je acht Mahlzeiten rund um die Uhr alle drei Stunden, habe ich dann abwechselnd einen gestillt und dem anderen die Flasche gegeben, und bei der nächsten Mahlzeit umgekehrt.

Nach sechs Wochen kam kaum noch Muttermilch.

Nach sechs Wochen war dann kaum noch Muttermilch vorhanden, aber ich war stolz, es überhaupt eine zeitlang mit dem Stillen geschafft zu haben. Ich hatte übrigens eine klasse Hebamme in der Nachbetreuung, die mich sehr unterstützt hat.
Die ersten zehn Wochen waren sehr hart. Nachts bekam ich selten mehr als eine Stunde Schlaf am Stück. Mein Mann hat mich unterstützt, wo er nur konnte, aber durch seinen Schichtdienst war das nur begrenzt möglich. Ich habe mich ständig gewundert, wieviel Kraftreserven man besitzt, um so eine stressige Zeit irgendwie zu überstehen.
Für nachts haben wir dann eine sehr passable Lösung gefunden: die Zwillinge schliefen in einem Bett zusammen in unserem Schlafzimmer. Da wir unterm Dach schlafen und wir es leid waren, die ganze Nacht ständig die Treppen runter zur Küche, Fläschchen warm machen, wieder hoch, haben wir abends sechs bis acht Fläschchen vorbereitet, die Mikrowelle ins Schlafzimmer genommen und alles ans Bett gestellt. So wurden auch die beiden Mädchen in ihrer Nachruhe nicht gestört.

Nach zehn Wochen wurden wir dann für alle Anstrengungen belohnt: die Zwillinge schliefen durch.
Heute sind sie 18 Monate alt, sehr lebhaft und kerngesund.

Keine Eifersucht - die Mädchen lieben ihre kleinen Brüder.

Die Mädchen sind sehr fürsorglich und liebevoll im Umgang mit den beiden. Wir hatten Glück, dass wir von Eifersuchtsdramen verschont geblieben sind.
Alles in allem ist es wundervoll, vier so süße Kinder aufwachsen zu sehen. Die bedingungslose Liebe und auch das Vertrauen, das einem tagtäglich entgegengebracht wird, entschädigt für alle Sorgen und für den Stress, den man hat, und baut einen immer wieder auf, wenn man mal wieder am Ende seiner Kräfte ist und meint, es geht nichts mehr.
Es tut gut, wenn man die Artikel in der Zeitschrift ZWILLINGE liest und feststellt, dass auch andere ähnliche Probleme haben. Auch das Austauschen in unserem Zwillingstreff gibt einem immer wieder Kraft. Ich habe außer einem Kindermädchen keine Hilfe im Alltag (eine Haushaltshilfe ist finanziell nicht drin und beide Omas sind noch voll berufstätig).
Schade finde ich es, dass man durch die enorme Arbeit, die tagtäglich anfällt, so wenig Zeit hat, sich mit den Kindern so intensiv zu beschäftigen, wie sie es eigentlich verdient hätten.
Auch würde ich mir wünschen, man würde vom Staat mehr unterstützt ... aber das ist wohl ein anderes Thema.
Egal, wie es auch ist: die Freude und das Schöne, das man durch die Kinder erleben darf, sind eine wundervolle Bereicherung und das entschädigt für alle Sorgen und Probleme, die man natürlich auch durch Kinder und mit ihnen hat. (Michaela)

MITMACHEN: So können Sie sich am Magazin beteiligen

ZWILLINGE das Magazin - Die Mitmach-Zeitschrift für Zwillings- & Drillingseltern

So können Sie sich mit Beiträgen an ZWILLINGE das Magazin beteiligen: In fast 30 Jahren haben wir immer wieder festgestellt, dass die wahren Experten für Zwillings- und Drillingsthemen die Eltern sind. Viele Eltern haben darüber hinaus eine Qualifikation, die sie dazu prädestiniert, ihre Alltagserfahrungen mit anderen zu teilen. Sie sind selbst Erzieher, Lehrer oder Ärzte ... Erzieherinnen, Lehrerinnen oder Ärztinnen. Aber auch, wenn Sie ganz einfach „nur" Zwillings- und Drillingseltern sind - Ihre Erfahrungen, die Sie machen, sind von so unschätzbarem Wert für andere, für neue und werdende Eltern, dass sie unbedingt zu Papier gebracht werden sollten. Deshalb scheuen Sie sich nicht, uns zu schreiben und einen Beitrag zu irgendeiner Situation aus Ihren Leben mit mehreren gleichaltrigen Kindern zu schicken. Ihre Erfahrungen und vor allem Ihre Tipps und guten Ideen sind gefragt.
Und so geht's: Sie schreiben - wie Ihnen der „Schnabel gewachsen" ist. Dies hier ist kein Aufsatzwettbewerb. Unsere Redaktion bearbeitet Ihren Beitrag, macht die Überschrift dazu, das Layout und formuliert die Bildunterschriften und die Zwischenüberschriften.
Ihr Beitrag sollte im Format .doc oder .docx, in „word" oder einem anderen, gängigen Schreibprogramm bei uns ankommen. Gern aber auch einfach direkt in der E-mail formuliert. Sie können Ihre Beiträge per E-mail senden an info@twins.de.
Wir nehmen aber nachwievor auch handschriftliche Beiträge, die ganz einfach per Post kommen. Unsere Adresse: ZWILLINGE, Postfach 40 11 11, D-86890 Landsberg. Schicken Sie uns auch Ihre Fotos mit. Am besten sind ganz normale Familienfotos, wie man sie mit jeder Digicam oder einem Handy machen kann. Um die entsprechend hohe Auflösung und die Druckfähigkeit kümmert sich unsere Redaktion. Und wenn Sie uns einen großen Gefallen tun wollen: benennen Sie Ihre Fotos mit denjenigen, die darauf zu sehen sind - also zum Beispiel MaxConnySpielplatz.jpg.

Wir belohnen es, wenn Sie uns einen Beitrag schicken:
Suchen Sie sich ein Buch aus

Und was bekommen Sie für Ihren Beitrag? In erster Linie natürlich helfen Sie anderen Zwillingseltern, die vielleicht noch ganz am Anfang stehen, mit ihren wertvollen Erfahrungen. Zweitens macht es auch einfach Spaß, über die eigene Familie zu schreiben und die eigenen Zwillinge in unserer kleinen Zeitschrift zu sehen.
Allerdings veröffentlichen wir Ihren Beitrag in der neuen Machart unserer Zeitschrift nicht mehr unter vollem Namen, es sei denn Sie wünschen das ausdrücklich. Der Hintergrund dafür ist, dass das neue ZWILLINGE - DAS MAGAZIN dadurch, dass es auch auf online-Portalen angeboten wird, einem größeren Leserkreis angeboten wird. Natürlich werden sich am ehesten betroffene Zwillings- und Drillingseltern für ZWILLINGE interessieren. Dennoch möchten wir jeglichem Missbrauch vorbeugen. Übrigens: Wer einen Beitrag für unser Magazin schreibt, erhält ein Exemplar des betreffenden Magazins gratis (zur Erinnerung) oder kann sich ein Buch aus unserem Programm aussuchen.

Dann kann's ja losgehen ... wir freuen uns und sind gespannt.

BUCHBESPRECHUNG: Kommunikation mit den Babys

Zwillinge verstehen: Hunger oder Windel?

Was will uns das Baby sagen? In unserem Fall: Was wollen uns die Babys sagen? Es dauert eine Weile, bis wir die Lautäußerungen, die Mimik und Gesten unserer Zwillinge verstehen. Haben sie jetzt Hunger oder ist die Windel voll? Ein Buch zum Thema „Babys richtig verstehen".

Über die Autorin, Vivian König, haben wir schon mehrfach berichtet. Sie hat uns die Babyzeichensprache nähergebracht und ein Netzwerk Zwergensprache GmbH aus zertifizierten Kursleiterinnen gegründet, die das Wissen darum in Workshops vermitteln. Ja, man kann schon mit kleinen Babys kommunizieren und das macht vieles einfacher. Auch für frischgebackene Zwillingseltern.

Worum geht es in dem Buch? Babys haben es nicht leicht. Sie versuchen, ihren Eltern bestmöglich mitzuteilen, was ihnen fehlt: Essen, frische Windel, Streicheleinheiten. Und das klappt manchmal gar nicht. Also werden sie frustriert. Das Geschrei ist groß.

Vivian König bringt uns hier bei, wie wir die verschiedenen Baby-Signale verstehen können. Sie zeigt, wie wir die verschiedenen Laute interpretieren und wie wir ein weinendes Baby beruhigen können.

Natürlich ist nicht jedes Baby gleich und auch darauf geht die Autorin ein. Und schon fällt es uns leichter, unsere Kinder zu interpretieren.

Und was kann man noch machen, damit wir unsere Zwillinge verstehen? Dazu gibt das Buch Tipps für die Babyzeichensprache, aber auch Anreize zum spielerischen Sprechenlernen ... und natürlich: mit Musik geht alles leichter.

Ein sehr übersichtlich gestaltetes Buch mit vielen neuen Ideen. Ich würde es gern meinem Sohn und meiner Schwiegertochter empfehlen ... und wir verlosen es unter www.twins.de (Buch gegen Beitrag).

„Was dein Baby dir sagen möchte", Vivian König, Humboldt Verlag, 248 Seiten, ISBN 978-2-86910-642-7, auch als E-Book.

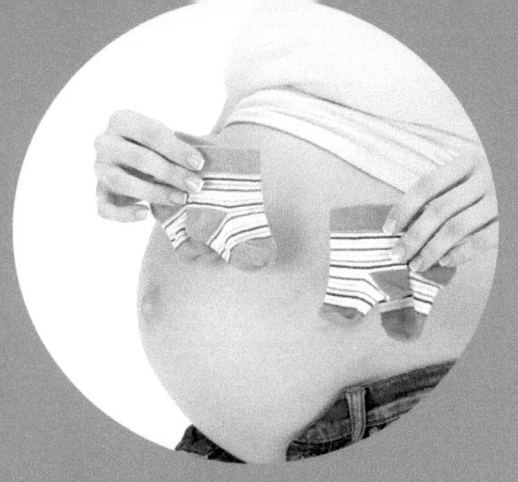

GEBURTSVORBEREITUNG FÜR ZWILLINGSSCHWANGERE
IN BERLIN

INHALT

- Wahl des Geburtsortes
- Erstausstattung
- Geburtsverlauf, Geburtspositionen
- Natürliche Geburt / Kaiserschnitt / BEL
- Informationen über Klinikroutinen
- Bindung vor und nach der Geburt
- Stillvorbereitung
- Die ersten Tage mit Zwillingen / Wochenbett
- Unterstützungsmöglichkeiten
- Frühchen
- Austausch und individuelle Fragen

PRAKTISCHE ÜBUNGEN

Atem- und Entspannungsübungen
Körperarbeit, Masssagen
Gedanken-/Geburtsreise
Schulung der Körperwahrnehmung

INFORMATIONEN

Wann:
Nächster Termin 15 - 16.6. 2019, weitere Termine auf Anfrage

Wo:
Stubenrauchstrasse 5
12161 Berlin

Wieviel:
Gesetzlichversicherte: keine*
Privatversicherte: 163,20 €
Partner: 120 € **

* Der Kostenanteil für Schwangere wird durch Teilnahmebestätigung direkt mit der Krankenkasse abgerechnet.
** Der Partneranteil wird von einigen Krankenkassen erstattet.

Wer:
Jana Friedrich (Hebamme)
Inga Sarrazin (Zwillingsmutter und Stillberaterin (AFS)

Wie:
jana@hebammenblog.de
inga.sarrazin@maternita.de

Was:
Versichertenkarte
gemütliche Kleidung
Partner

WISSENSCHAFT: Zwillinge mit verschiedenen Vätern

Gibt es Zwillinge von verschiedenen Vätern?

Kann es sein, dass Zwillinge verschiedene Väter haben? Theoretisch ja, praktisch kommt es sehr, sehr selten vor. Es gibt neue Erkenntnisse dazu. Man spricht von „zweieiigen Zwillingen", die durch Befruchtung mit verschiedenen Spermien entstehen und von „semi identical" Zwillingen, bei denen sich das Ei vor der Befruchtung geteilt hat.

Nichts ist unmöglich ... getreu dem Werbespruch eines japanischen Autohauses sind natürlich auch Zwillinge denkbar, die verschiedene Väter haben. Allerdings sind diese Fälle sehr, sehr selten. Insgesamt spricht man weltweit von weniger als zehn Fällen.

Passiert: Zweimal Eisprung ... zwei verschiedene Partner

Wie kommen solche Zwillinge, die zweieiige Zwillinge und eigentlich Halbgeschwister sind, zustande? Manche Frauen haben in einem Zyklus nicht nur einen Eisprung, sondern gleich zwei Eier, die reif sind. Sind sie in dieser Zeit mit zwei verschiedenen Männern zusammen, dann kann es zu Zwillingen kommen, die zwar von derselben Mutter stammen, jedoch zwei verschiedene Väter haben. Wissenschaftler vermuten, dass es weit mehr als zehn Fälle mit solchen Zwillingen gibt. Aber das Thema ist brisant ... viele Familien möchten nicht, dass es an die Öffentlichkeit kommt. Manche wissen es auch gar nicht.
Die andere Variante ist, dass das Ei von zwei verschiedenen Spermien befruchtet wird. Dann sind diese Zwillinge eigentlich eineiig und doch verschieden, weil es zwei verschiedene Spermien sind, die das eine Ei befruchtet haben. Diese Zwillinge sind noch seltener.

Jennifer Wu, die auf der Entbindungsstation am Lenox Hill Hospital in Manhattan (New York) arbeitet, vermutet dass der zuerst genannte Typ Zwillinge noch zunehmen wird. Denn inzwischen versuchen viele homosexuelle Paare Kinder (meist Zwillinge) durch Leihmutterschaft zu realisieren. Und dann geben beide Männer ihr Spermium für die künstliche Befruchtung ab.

Ich persönlich finde es schade, dass Kinder von sogenannten Leihmüttern ausgetragen werden können. Ich kenne tatsächlich in meiner Umgebung einen solchen Fall und finde immer noch, dass Kinder Vater und Mutter verdient haben. Vielleicht bin ich altmodisch ... wer weiß?!

Zwillinge, die so entstanden sind, haben zu 25 Prozent die gleiche DNA, sind genetisch betrachtet also Halbgeschwister.

Ein Fall aus Vietnam - ein anderer aus New Jersey in USA.

Die neuesten „Halb-Zwillinge" - nennen wir sie mal so - wurden in einer vietnamesischen Familie gefunden. Ein DNA-Test brachte es ans Licht. Die zweijährigen Zwillinge sahen sich überhaupt nicht ähnlich und einer sah weder dem Vater noch der Mutter ähnlich.

Die Familie ging zunächst von einer Verwechslung im Krankenhaus aus und bestand auf einem genetischen Test der beiden. Doch dieser Test brachte es ans Licht: die beiden hatten die gleiche Mutter, aber unterschiedliche Väter. Darüber hatte die BBC im März 2016 berichtet.

Ein weiterer Fall kam 2015 auf. Hier ging es um einen Vaterschaftsstreit. Der von der Mutter getrennt lebende Vater wollte nicht zahlen, also sollte seine Vaterschaft festgestellt werden. Der Test ergab, dass er Vater eines der Zwillinge war, nicht aber vom anderen Zwilling. Also musste er auch nur für seinen leiblichen Sohn aufkommen. Dieser Fall wurde 2015 in New Jersey dokumentiert.

Spektakulär: In einer großen TV-Show kommt alles raus ...

Zwei weitere Fälle wurden vor großem Publikum „ausgetragen". Die US-TV-Show „The Maury Show" hatte zwei Zwillingsmütter zu Gast, deren Zwillinge jeweils von zwei verschiedenen Vätern stammten. Das Theater war groß, als dies während der Show herauskam.

Ich hab' in die betreffende Show kurz reingeschaut. Du meine Güte! Was für ein hysterisches Geschrei. (Ist ja auch peinlich, wenn so etwas vor Publikum rauskommt). Dagegen sind ja unsere Fernsehshows reine Kindergartenveranstaltungen. Für den, den es interessiert: einfach mal googeln „The Maury Show twins" ...

Halbeineiige Zwillinge - ein Ei, zwei Spermien, zwei verschiedene Männer

Die zweite Variante: die „semi-identical" Zwillinge entstehen aus einem Ei, das von zwei verschiedenen Spermien befruchtet wird. Theoretisch kann es sich um Spermien von zwei verschiedenen Männer handeln. Dann haben die Zwillinge drei Chromosomensets - von einer Mutter, zwei Vätern.

Wenn sich das befruchtete Ei teilt und Zwillinge entstehen, teilen sich diese Zwillinge zwischen 50 und 100 Prozent ihrer DNA. Sie haben die identische DNA von ihrer Mutter und einen Anteil der DNA ihrer Väter.

Noch seltener: Man spricht von zwei Fällen - jüngst in Brisbane in Australien.

Dieser Typ Zwillinge ist noch viel seltener als der zuerst genannte. Zwei Fälle kennt man bislang: In den USA wurde 2007 ein solcher Fall entdeckt. Und gerade jetzt (im März 2019) wurden in Australien vierjährige Pärchenzwillinge, entdeckt. Sie waren von der Mutter her gesehen zu 100 Prozent identisch (sie hatten auch nur eine gemeinsame Plazenta), von ihrer Väter Seite her nur zu 78 Prozent.

Dieser Fall aus Brisbane ist schon deshalb eine Sensation, denn normalerweise haben eineiige Zwillinge dasselbe Geschlecht.

Mehr wissenschaftliche Themen immer wieder unter www.about-twins.com

Wer sich für solche wissenschaftlichen Themen interessiert, dem sei die Seite www.about-twins.com empfohlen, die immer wieder (auf Englisch) solche Untersuchungsergebnisse aufgreift.
(MvG)

FLÄSCHCHEN: Was Zwillingseltern sich einfallen lassen

Fläschchenfüttern mal zwei - neue Ideen

Nicht immer klappt es mit dem Stillen ... und dann müssen Fläschchen ran. Und auch da sind gute Ideen gefragt, denn nicht immer klappt es damit, die Fläschchen gleichzeitig zu verfüttern. Zwillingsmutter Kirsten schickt ihren besten Tipp dazu.

Ich hatte eine tolle Schwangerschaft mit wenig Problemchen und der Termin für die Geburt unserer beiden „Teufelchen", Max und Paul, war Mitte November. Wir sind dann wegen vorzeitiger Wehen Mitte September in die Klinik gekommen, wo ich noch bis zum 18. Oktober aushalten musste. Dann wurden die beiden per Kaiserschnitt geholt.

Langer Klinikaufenthalt ... den Umständen entsprechend gut.

Max hatte 2.600 Gramm und Paul 2.350 Gramm. Sie waren gleich fit und durften bei mir bleiben, obwohl sie ja einen Monat zu früh geboren worden waren. Ich hatte trotz der sechs Wochen im Schwabinger Krankenhaus eine angenehme Zeit. Dank netter Zimmergenossinnen, lieber Krankenschwestern, kompetenter Ärzte und eines fast täglich zu Besuch kommenden Ehemanns war die lange Zeit erträglich.

Nach drei Tagen zu Hause mussten unsere beiden mit einer Nabelinfektion für 16 Tage in die Kinderklinik. Das war dann nochmal ein kleiner Rückschritt, aber auch das war dann bald überstanden und wir konnten uns endlich zu Hause einleben.

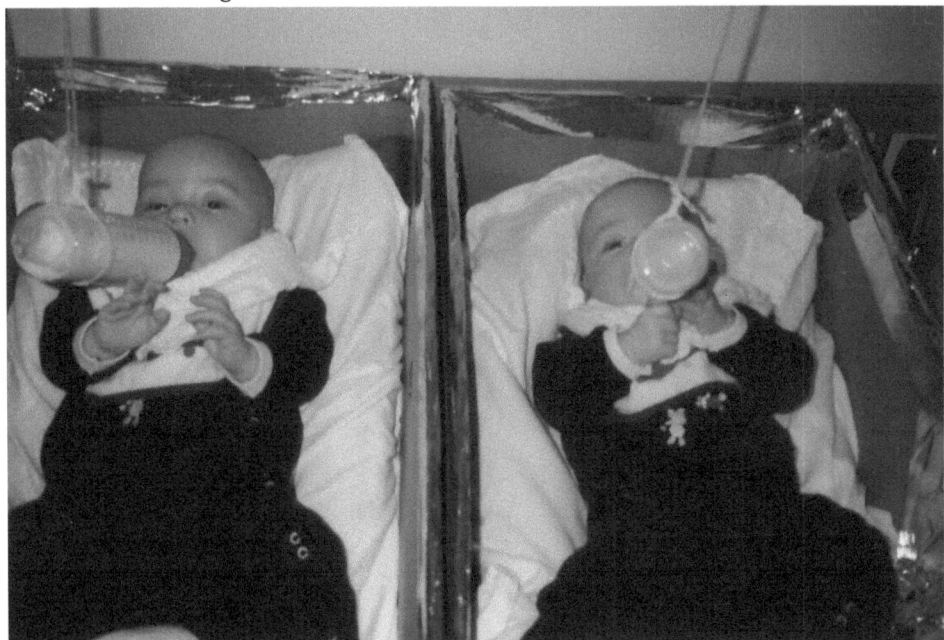

Einen Monat lang habe ich es mit dem Stillen beziehungsweise mit dem Abpumpen und per Fläschchen füttern probiert und gekämpft. Da die Menge aber nie gereicht hat und mit zunehmendem Stress die Milch auch immer weniger wurde, habe ich dann lieber auf entspannteres Flaschegeben umgestellt. Schon bald haben wir ein tolles Patent entwickelt, wie man zwei Babys gleichzeitig versorgen kann.

Mein Mann hatte eine tolle Idee: die Fütterkiste

Meinem Mann kam - wie so oft - eine tolle Idee. Von einem fahrbaren, höhen- und breitenverstellbaren Kleiderständer haben wir das Oberteil rausgezogen. Daran haben wir zwei Schnüre mit Gummischlaufen befestigt. Die muss man natürlich in der Länge richtig einstellen. Am besten probiert man das aus.
Im damals noch zweiten freien Kinderbett (wir haben erst später zwei Betten benutzt) haben wir das Gestell befestigt und zwei Kartons dazwischengeklemmt. In die Kartons hat mein Mann Formen aus einer Art Schaumstoff, den Babykörpern angepasst, gegossen. Kissen oder ähnliches Polstermaterial tun es sicher auch.

Max und Paul lagen in festen Fütterungskisten und hatten auch seitlich Halt.

Diese Formen haben wir mit einem Kissenbezug überzogen. Dann haben wir die beiden in diese Formen gelegt und die Schnüre am Gestell justiert. Am unteren Ende der Schnüre befanden sich jeweils Schlaufen, in die wir dann die Fläschchen eingehängt haben.
So konnten Max und Paul schön allein trinken und hatten dabei eine optimale Liegeposition. Natürlich musste man dabei bleiben, damit man eingreifen konnte, falls sie sich verschlucken. Aber es sind mir nicht mehr die Arme beim Füttern „abgebrochen" ... (Kirsten H.)

Das sagt die Red.: Die Erfindung ist ja direkt Geld wert ... siehe unten das „Feeding Pillow" aus Australien.

Dass Zwillingsmutter Kirsten aus München ihren Beitrag schickte, ist schon ein Weilchen her. Inzwischen wird so eine Fütterungsbox bereits fertig angeboten (ohne Flaschenhalter) und nur in Australien.

SCHNELLE TIPPS: praktische Ideen von Eltern für Eltern

Schnelle Tipps & gute Ideen für Zwillinge

Zwillings- und Drillingseltern müssen vor allem praktisch denken. Deshalb haben sie Tipps und Ideen auf Lager, die wirklich hilfreich sind. Haben Sie auch einen Vorschlag, der auf diese Seite passt? Her damit!
Unsere E-mail: info@twins.de

Es gibt Hausarbeiten, die wirklich so lästig sind, dass sie abgeschafft gehören. Petra hat zum Beispiel das Bügeln abgeschafft.
Als wir Zwillinge erwarteten, haben wir im Vorfeld überlegt, wie wir uns das Leben leichter machen können. Wir haben uns einen Wäschetrockner angeschafft, den wir bis dahin nicht wirklich brauchten. Und ich muss sagen, es ist wirklich eine enorme Erleichterung.
Es gibt da eine Einstellung, die die Kleidungsstücke nicht vollständig trocknet. Wenn ich Blusen, T-Shirts und Hemden dann rechtzeitig rausnehme (also nach Ablauf des Programms) und die Sachen schön glatt aufhänge, dann kann ich mir das Bügeln komplett sparen.
Die größte Schwierigkeit dabei ist, dass man die Wäschestücke wirklich gleich aufhängt, wenn sie aus dem Trockner kommen. Aber das kriege ich auch noch in Griff.

Auf ihre geliebten Grünpflanzen wollen viele Eltern nicht verzichten, bloß weil Zwillinge gern auf Entdeckungstour sind. Marlis hat einen Tipp aus einer früheren Zeitschrift ZWILLINGE beherzigt. Wir wollen ihn hier noch einmal bringen.
Zwillinge im Entdeckungsalter machen gerne einmal Quatsch und weil sie zu zweit sind, stiften sie sich auch gerne gegenseitig an. Manchmal hat man das Gefühl, man kommt mit dem Aufräumen und dem Verhindern ihrer Streiche gar nicht mehr hinterher.

Erwischt! Da nützt es auch nicht, schuldbewusst zu gucken.

Besonders beliebt ist es zum Beispiel, die Erde von Topfpflanzen auszuräumen. Dagegen gibt es einen einfachen Trick: Stellt den Pflanzentopf einfach in eine (Plastik-) Tüte und bindet diese oben zu. Wer Plastik nicht mag, kann auch einen Stofflappen nehmen, der groß genug ist. Zum Gießen, kann man diesen schnell einmal öffnen und anschließend wieder zubinden.

Marlis schreibt: „Mit anderthalb Jahren haben unsere Zwillis regelmäßig die Blumentöpfe geleert. Ein Tipp aus Ihrer Zeitschrift hat dem Grausen ein Ende bereitet ..."

Dieses Mal haben wir anscheinend einen richtigen Hausfrauentreff hier ... es geht um ein Thema aus der Küche ... die Mikrowelle. Christina schreibt dazu.

Trotz Warnhinweisen wegen Überhitzungsgefahr beim Erwärmen von Fläschchen in der Mikrowelle möchten wir dieses arbeitserleichternde und für Zwillingseltern doppelt praktische Gerät nicht mehr missen. Natürlich erwärmen wir Muttermilch und Fertigmilch in nur wenigen Sekunden und machen die Milch niemals richtig heiß. Ein sorgfältiges und nicht zu heftiges Schütteln der Fläschchen sorgt dann auch für eine gleichmäßige und nicht zu heiße Temperatur.

Auch bei unseren ersten Breiversuchen leistet uns die Mikrowelle jetzt schon gute Dienste.

Noch mehr Tipps dringend gesucht ...

Wir suchen für diese Doppelseite noch mehr Tipps. Schreibt uns - egal, wie banal die Idee zu sein scheint. Oft hilft sie anderen Zwillings- und Drillingseltern mehr als Ihr denkt.

**Schreibt einfach an:
info@twins.de**

Demnächst wieder neu: Habt Ihr noch Tipps für uns? info@twins.de

Alle Jahre wieder wird der Ausstattungsratgeber für Zwillings- und Drillingseltern neu überarbeitet. Er gilt als beste Grundlage, um sich bei den vielen Ausrüstungsgegenständen zu orientieren. Die 4. Auflage enthält noch mehr Hinweise auf Rabatte, Rabattcoupons und eine Liste spendabler Hersteller. Die 5. Auflage ist in Vorbereitung.

Das praktische Ringbuch gibt es im Buchhandel oder bei www.twins.de

ISBN 978-3-927058-71-2, 18,99 €

ZWILLINGSKISSEN: Mütter testen die Erfindung im Alltag

Das „Zwillingskissen mit Köpfchen" im Test

Zwillingsstillkissen gab es schon eine ganze Weile, aber kein Kissen, mit dem man viel mehr machen kann, als Stillen. Jetzt hat Annette Wulf von der Zwillingsburg ein Zwillingskissen entwickelt, auf dem Zwillinge auch gerne liegen, wenn sie nicht gestillt werden. Was noch alles geht, hat eine Mutter ausprobiert.

Ich bin 29 Jahre alt und inzwischen Mutter von drei wundervollen Jungs.

Nachdem ich aufgrund von Komplikationen während der Zwillingsschwangerschaft neun Wochen strikte Bettruhe im Klinikum einhalten musste, hatte ich genug Zeit, mich über Zwillingsstillkissen zu informieren. Ein klarer Nachteil der auf dem Markt befindlichen Kissen ist sicherlich, dass man diese nur zum Stillen benutzen kann. *(Anm. der Red.: Das stimmt so nicht. Auch herkömmliche Stillkissen und Zwillingsstillkissen leisten gute Dienste beim Fläschchenfüttern und anderen Dingen.)*

Im Krankenhaus hatte ich ja immer Hilfe beim Füttern.

Nachdem mir in der Kinderklinik beim Füttern der Zwillinge geholfen wurde, verschwendete ich keinen Gedanken daran, wie ich die Zwillinge später alleine füttern würde.

Die ersten Wochen daheim verbrachte ich daher auf dem Boden sitzend, ein Baby in einem normalen Stillkissen liegend, das kleinere Baby in meinem Schneidersitz. So gab ich meinen Zwillingen die Flasche.

Problematisch wurde es, sobald sich eins der Kinder verschluckte oder aufstoßen musste. Das normale Stillkissen bot keinen Halt und das Baby rutschte durch das Kissen hindurch. Dann wurde ich auf das Zwillingskissen von www.zwillingsburg.de mit seinen vielen Funktionen aufmerksam und war sofort begeistert.

Das Kissen überzeugte mich auf Anhieb. Die Optik ist einfach toll und auch die Idee, zwei verschiedene Stoffseiten anzubieten, ist prima. Unsere Zwillinge bevorzugen eindeutig die Seite mit dem weichen Kuschelstoff.

Da unsere Jungs sechs Wochen zu früh auf die Welt gekommen sind, habe ich anfangs noch eine Decke in die Löcher gesteckt, um ein Durchrutschen zu verhindern. Das Kopfteil hingegen garantierte von Anfang an sicheres Liegen. Ich einmal aufgeschrieben, wie sich das Kissen bei uns bewährt.

Füttern

Das Zwillingskissen ist perfekt dafür geeignet, die Zwillinge gleichzeitig zu füttern. Durch das Kopfteil liegt der Kopf sicher und gut gestützt auch wenn die Kleinen den Kopf noch nicht selbst halten können. Die leichte Schräglage ist für die Kinder beim Trinken sehr angenehm. Wenn einer der Zwillinge aufstos-

Weiter geht's auf Seite 22.

Auch, wenn die Zwillinge nicht gestillt werden (können), leistet das neue Zwillingskissen gute Dienste. Mit Hilfe der kleinen Kopfpolster können die Babys in eine ideale Fütterungsposition gebracht werden.

Unsere Buch-Zwillinge zum Thema „Zwillinge & Drillinge stillen"

Seit vielen Jahren zählt Susanne Wittmairs Buch „Zwillinge stillen" zu den Standardwerken für Zwillings- und Drillingsmütter. Im Spätherbst hat es jetzt eine Ergänzung bekommen: das neue Stillbuch von Inga Sarrazin, das Zwillingsmütter direkter anspricht und auch Blankoseiten für ein kleines, eigenes Still-Tagebuch enthält.

Beide Bücher gibt es im Buchhandel und auch unter www.twins.de - bei uns sogar in einem kleinen Sonderangebot - weil wir ein neues Heft ZWILLINGE - DAS MAGAZIN gratis mitschicken.

sen muss, ist dies problemlos möglich, da man beide Hände frei hat, um ihn hochzunehmen. Gleichzeitig muss man sich keine Gedanken machen, denn das zweite Baby liegt im Kissen sicher. Auch ein Verlassen des Zimmers mit nur einem Baby, zum Beispiel zum Wickeln, ist bedenkenlos möglich.

Bauchlage

Nachdem unsere Zwillinge nicht immer aufstoßen, lege ich sie gerne nach dem Trinken auf den Bauch. Auch das funktioniert mit dem Zwillingskissen ohne Probleme. Entweder das Kissen kurz umdrehen oder einfach die kleinen Kissen für den Kopf dank des Klettverschlusses entfernen. Unsere Babys genießen diese Position sehr, da sie so ihre Umgebung auch einmal aus der richtigen Perspektive wahrnehmen können.

Stillen

Möchte man beide - oder auch nur ein Baby - stillen, öffnet man einfach den Clipverschluss des Kissens und klappt das Mittelteil hoch. Dann kann man sich bequem hinsetzen und hat gleichzeitig eine angenehme Rückenlehne. Ich schließe den Verschluss des Kissens meist wieder, sobald ich die Zwillinge an der Brust positioniert habe.

Ich habe das Stillen beider Kinder anfangs mit einem normalen Stillkissen probiert. Dies war zwar möglich, jedoch war das Problem, dass selbst meine Frühchen, die sich kaum bewegt haben, mit der Zeit zwischen meinem Bauch und dem Stillkissen hindurchgerutscht sind. Auch beim Hochnehmen eines Babys zum Aufstoßen rutsche das zweite Baby von der Brust weg und konnte nicht mehr weitertrinken. Diese Probleme gibt es beim Stillen mit dem Zwillingskissen überhaupt nicht, da es eng am Körper anliegt und viel stabiler ist. Gleichzeitig ist es jedoch auch herrlich weich.

Liegen

Durch den nestähnlichen Aufbau des Kissens liegen meine Babys sehr gerne in dem Kissen und schlafen darin oft viel ruhiger und länger als in dem weitläufigen Laufstall.

Auch mein dreijähriger Sohn hat die Vorzüge des Kissens schon entdeckt und nutzt es ganz oft als Entspannungskissen während er seine Lieblingsserie im Fernsehen anschaut. (NN.)

Das praktische Zwillingskissen mit Köpfchen dient auch zur „Tagesaufbewahrung" von Zwillingen - sie liegen gern darauf und darin und schlafen sogar.

Die frühgeborenen Zwillinge haben die kuschlige Seite besonders gern. Sie vermittelt eine angenehme Wärme und dadurch Geborgenheit.

Und wenn nicht geschlafen oder gekuschelt wird, dann können die Zwillinge die Welt entdecken. Denn das Kissen unterstützt auch die ersten Bauchlage-Versuche.

Mittendrin statt nur dabei ... wenn der große Bruder spielt, können die Zwillinge von ihrem Kissen mit Köpfchen aus dem Spielgeschehen folgen und haben mehr Spaß.

SAUBERWERDEN: Sommerzeit = Töpfchenzeit

Jetzt hat das „Töpfchentraining" Erfolg

Nicht nur Zwillingseltern sehnen die Zeit herbei, ab der man endlich auf Windeln verzichten kann. Jetzt - wenn der Sommer vor der Tür steht - ist die beste Zeit, um mit dem Töpfchentraining anzufangen. Wobei Training schon das falsche Wort ist, wir wollen die Zwillinge nicht dressieren, sondern für das Töpfchen interessieren. Hier sind einige Tipps dazu.

Die Zwillinge hatten keine Lust, ihr Spiel für einen Toilettengang zu unterbrechen. Und Zwillingsmutter Claudia war es leid, immer wieder mal ein Häuflein aus dem Sandkasten zu fischen. So wurde das „Outdoor-Klo" erfunden.

Im letzten Sommer wollten wir Daniel und Michael dazu bringen, auf's Töpfchen zu gehen. Aber es war schwierig, die beiden mitten während des Spielens im Garten oder im Sandkaste dazu zu bringen, auf die Toilette zu gehen. Sie wollten ihr Spiel partout nicht unterbrechen.
Entweder wollten sie nicht reingehen oder die Zeit war zu knapp, um ihr kleines oder großes Geschäft zu verrichten. Also hatte ich die Idee, eine Art „Outdoor-Klo" zu basteln. Ich stellte den Topf in eine Ecke der Terrasse und zwei Stühle davor. Über die Stühle legte ich noch zur Abschirmung je ein Handtuch. Jetzt konnten sie in Ruhe ihr Geschäft erledigen, sie waren vor neugierigen Blicken der Nachbarn abgeschirmt und es war nicht so weit zur Toilette.
Da ich sie im Sommer meist nur mit einem Höschen bekleidet laufen ließ, war dieses Höschen auch schnell runtergezogen und ich musste nicht mehr alle naselang ein Häufchen aus dem Sandkasten fischen und den Sand dann austauschen.

Es dauerte einen Monat lang, dann waren Daniel und Michael sauber und wir ersparten uns das Riesengeschrei, wenn sie beide aus dem Sandkasten geholt werden sollten, um auf die Toilette zu gehen. Das dringende Geschäft wurde quasi nebenbei erledigt.

Slipeinlagen gegen nasse Hosen.

Auch in Elenas Familie wurde man erfindungsreich. Hier war es die Oma, die eine zündende Idee hatte: Slipeinlagen. Elena schreibt.

Mein Sohn hat an manchen Tagen Schwierigkeiten, rechtzeitig zur Toilette zu gehen. Bei seiner Zwillingsschwester war dies kein Problem.
Seine Hose hatte also einen feuchten Klecks vorne, obwohl er regelmäßig zur Toilette geht. Da meine Schweigermutter, die auf die Kinder aufpasste, ihm nach dem Duschen die feuchte Unterhose nicht mehr anziehen wollte, und da sie keine frische Wäsche für ihn hatte, hat sie ihm einfach eine Slipeinlage in die Unterhose geklebt. So ist der Genitalbereich sauber und trocken und man muss ihm nicht dreimal täglich eine frische Unterhose anziehen.
Natürlich trägt er nicht ständig eine Slipeinlage, aber wenn wir länger unter-

wegs sind, hat es sich schon bewährt. Auch, wenn es draußen kalt ist, gebe ich ihm lieber eine Slipeinlage in die Hose, da es ja unangenehm ist, mit einer feuchten Hose draußen zu spielen, wenn es kalt ist.

Warum ich ihm keine Windel anziehe? Ganz einfach, weil er dann gar keine Notwendigkeit mehr sehen würde, die Toilette zu benutzen. Es wäre ein Rückschritt.

Übrigens waren wir sicherheitshalber beim Kinderarzt, um alles überprüfen zu lassen. Doch da war zum Glück alles in Ordnung.

Kommt vor beim Topftraining zu Hause: manchmal geht etwas daneben. Damit das ohne größere Folgen bleibt, hat Zwillingsmutter Marlis die Topf-in-Wäschekorb-Methode „erfunden" und damit guten Erfolg gehabt.

Als unsere Zwillinge übten, das Töpfchen zu benutzen, ging noch oft was daneben.

Damit wir die Töpfchen auch drinnen benutzen konnten und nicht nur draussen, wo es keine Rolle gespielt hätte, habe ich die beiden zur Töpfchensitzung in Waschkörbe gesetzt.

Also die Töpfchen in jeweils einen Waschkorb stellen, Zwilling 1 und 2 drauf heben und gut ist es.

Nebenbei hat es auch den Vorteil, dass die zwei nicht gleich wieder ausbüxen können. Natürlich habe ich sie nicht stundenlang da hocken lassen, das hätte sie eher abgeschreckt. Aber zumindest so lange, bis etwas im Töpfchen war oder wir gemeinsam beschlossen hatten, dass wir es lieber später nochmal versuchen.

Wäschekörbe haben übrigens noch viel mehr gute Einsatzmöglichkeiten ... darüber ein anderes Mal mehr.

So bleiben auch Indoor-Sitzungen auf dem Töpfchen ohne Folgen für Teppich und Boden. Topf-in-Wäschekorb-Methode.

An unsere Abonnenten: Wenn Sie umziehen oder bereits umgezogen sind ...

Bitte unbedingt Ihre neue Adresse mitteilen. Die Zeitschrift wird als Büchersendung verschickt, deshalb teilt uns die Post Ihre neue Adresse **NICHT** mit. Schreiben Sie uns eine E-mail an: info@twins.de

TOPFTRAINING: Von der Kunst, sich in Geduld zu üben ...

Topftraining mal zwei: Zu viel Drill hilft nicht

Bettina wollte alles richtig machen. Als die Zeit gekommen schien, mit dem Topftraining bei Florian und Adrian anzufangen, besorgte sie sich Literatur, besuchte alle Facebook-Chatrunden zum Thema und natürlich wurden zwei hübsche Töpfchen gekauft ... dies war noch der angenehme Teil der Aktion.

Topftraining für Jungs ... schon die Wortwahl sollte mir zu denken geben. Training? Das war schon eher so etwas wie Bundeswehrdrill unter härtesten Bedingungen.

Zuerst machte ich mich schlau. Das geht ja heute sehr gut dank Facebook & Co. Ich las alles, was mir zum Thema „Topftraining" in die Finger kam. Ich las all die guten Ratschläge in diversen Gruppen und natürlich auch die nicht immer freundlichen Antworten auf Fragen zum Thema.

Topftraining-Shopping macht Spaß und dann ...?

Am meisten Spaß haben mir die Vorbereitungen gemacht, die mit Einkäufen verbunden waren. Einmal ein ganz anderes Shoppinggefühl. Ich besorgte Unterhosen für „große Jungs" und jede Menge Wechselkleidung für das kleine Malheur zu Hause ...

Der Rest hat dann weniger Spaß gemacht. Meine Jungs – das muss ich jetzt auch noch sagen – sind liebe Jungs, sie machen wenig Probleme. Aber in diesem Fall erwiesen sie sich als äußerst stur. Dass ich das von vornherein wusste, hat die Sache nicht leichter gemacht.

Als sie das Töpfchen zum ersten Mal sahen, war die Neugierde groß. Es machte ihnen großen Spaß, sich das Töpfchen auf den Kopf zu setzen – quasi wie einen Hut. Oder sich in voller Montur einfach drauf zu setzen. Aber als es ans Eingemachte ging und die Zwillinge den Ernst der Lage (und den Sinn der kleinen blauen Töpfchen) gewahr wurden, war es aus mit der Freude. Die Töpfchen flogen nur so durchs Zimmer.

Können Bücher & Filme helfen?

Also starteten wir in Runde 2. Ich hatte Bücher besorgt, in denen Kindern die Benutzung des Töpfchens schmackhaft gemacht werden sollte. Und wir schauten zusammen auch ein Youtubevideo an, wie man es richtig macht ... die Reaktion war eher entsetzt: „Waaaas, wieso machen die das" (also pinkeln ins Töpfchen).

Gott sei Dank fing der andere Zwilling zu lachen an und das Eis war gebrochen. Die Töpfchen wurden zum ersten Mal benutzt für den Zweck, dem sie dienen sollten. Aber nicht lange, als die erste Euphorie verflogen war, waren die Töpfchen das, was sie ursprünglich waren: ein Feind, um den man einen möglichst großen Bogen machte.

Dann kam die Zeit der ungefragt erteilten vielen „guten Ratschläge":

- Lass' sie ohne Windeln rumlaufen, dann werden sie es hassen, wenn sie in die Hose gepieselt haben. Du wirst sehen, dann geht es wie von selbst.

- Lass sie auch ohne Windeln in den Kindergarten gehen, dann werden sie sich schämen, wenn die Hose nass ist.
- Nimm sie mit ins Bad, wenn Du selbst auf's Klo gehst. Dann wissen sie, wie man es macht.

Also, ich habe alles ausprobiert, obwohl ich ungefragt erteilte Ratschläge besonders „liebe". Allerdings machte es meinen Jungs gar nichts aus, wenn sie mit nasser Hose herumliefen.
Sie kamen auch gerne mit uns mit, wenn einer von uns aufs Klo musste ... leider kommen sie immer noch gerne mit. Meiner Meinung nach müsste das jetzt allerdings nicht mehr sein ... es gehört zu meinen sehnlichsten Wünschen, einmal, wenigstens einmal allein aufs Klo gehen zu können.
In dieser Zeit wuschen wir so viele Unterhosen, Hosen, ebenfalls nassgewordene T-Shirts ... die Nachbarn haben sicher gedacht, dass ich inzwischen als Tagesmutter auch andere Kinder betreue.

Lass den Dingen ihren Lauf ...

Ich versuchte es mit Erpressung, ich versuchte, das Töpfchentraining zu einem Spiel zu machen, ich muss gestehen, ich habe auch einmal gedroht und geschrien - nichts half.
Dann beschloss ich, dass die Jungs den Zeitpunkt, zu dem sie sauber und trocken werden wollen, allein bestimmen sollten.
Ich hatte meine Zwillinge immer mit anderen Kindern und deren Entwicklungsstand verglichen, aber wieso sollten sie wie andere Kinder sein, wenn sie selbst als Zwillinge schon so unterschiedlich waren? So beschloss ich, den Dingen einfach ihren - im wahrsten Sinne des Wortes - Lauf zu lassen ... Ich stellte die Töpfchen in die Ecke, wickelte wieder mit Pampers und sagte keinen Ton darüber. Mit Stress würde es nicht funktionieren. Ich wurde jetzt auch richtig sauer, wenn mich Leute darauf ansprachen, ob die beiden schon das Töpfchen benutzen würde.

Als ich das Training abbrach, dauerte es nicht lange ...

Und es dauerte nicht lange: eines Tages kam einer der beiden und sprach die erlösenden Worte: „Mama, Kacka!"
Seinem Zwillingsbruder war das anfangs noch suspekt. Dann leistete er seinem Bruder auf dem Topfgang Gesellschaft – in voller Klamotte. Jetzt klappt es bei beiden ganz gut.
Es geht immer noch was in die Hose und manchmal treten wir zu Hause in ein warmes Pfützchen, aber beide tragen ihre nassen Sachen selbst zur Waschmaschine oder versuchen, den Boden zu putzen, wenn etwas daneben gegangen ist.
Mein Fazit: Bei Zwillingen ist das Topftraining nicht schwieriger als bei einem Kind. Manchmal vielleicht stressiger, weil mehr Wäsche anfällt. Und es ist spannender, weil sich die Kinder gegenseitige Vorbilder sind ... fragt sich nur in welche Richtung? (Bettina M.)

Gute Literatur rund um's Thema Topf ...

... hält der Verlag edition riedenburg, Salzburg bereit.

www.editionriedenburg.at

LAUFLERNWAGEN: Wichtig ist vor allem Kippsicherheit

Laufen lernen mit dem Lauflernwagen

Laufen lernen kann bei Zwillingen schön ins Kreuz gehen ... tief gebückt, an jeder Hand ein Kind - das tut schon beim Drandenken weh. Wie ist es aber mit Lauflernwagen. Machen sie Sinn? Und wenn ja, wie sicher sind sie? Die Deutsche Gesellschaft für Verbraucherstudien DtGV*) hat sie jetzt getestet. Testsieger ist der Pinolino.

Wenn Kinder mit dem Laufen anfangen, gibt es neue Herausforderungen für die Eltern. Bei Zwillingseltern kann man sich vorstellen, dass es wieder einmal doppelt schwierig wird.

Bei uns fingen die frühgeborenen Zwillinge mit exakt 14 Monaten und exakt am gleich Tag an, zu laufen. Maximilian relativ sicher, Constantin schwankte wie ein betrunkener Matrose um unseren Esstisch herum. Er wollte keinesfalls hinter seinem Bruder zurückstehen.

Lauflernwagen - ein interessantes Spielzeug für zwei.

Da könnte ein Lauflernwagen in der ersten Zeit helfen - abgesehen davon ist es auch ein schönes Spielzeug für zwei ... denn einer setzt sich rein, der andere Zwilling schiebt.

Die Deutsche Gesellschaft für Verbraucherstudien hat das Angebot an Lauflernwagen jetzt einmal unter die Lupe genommen. Getestet wurden folgende Produkte:
- Brio Lauflernwagen „Toddler"
- Eichhorn Color Spiel- und Lauflernwagen
- EverEarth Lauflernwagen
- Haba Lauflernwagen Glitzer-Flitzer
- Hape Käfer Lauflernwagen
- Howa Lauflernwagen Holz
- I'm Toy Lauflern-Wagen
- Ikea Mula
- Pinolino Lauflernwagen Uli
- Vtech Spiel- und Laufwagen

Als Testsieger wurde der Uli von Pinolino vor I'm Toy und Eichhorn ermittelt.

Und so wurde getestet: Die Untersuchung gliederte sich in vier Testkategorien, die mit unterschiedlicher Gewichtung in das Gesamtergebnis eingingen:

1. Sicherheit: Sind die Lauflernwagen kippsicher? Haben sie ein individuelles Bremssystem? Gibt es Gefahrenstellen? (40 % des Gesamtwertes)

2. Verarbeitung: Welche Qualität weist das Material der Lauflernwagen auf? Wie robust sind die Lauflernwagen? (25 % des Gesamtwertes)

3. Komfort: Haben die Lauflernwagen integrierte Spielefunktionen? Wie laut sind die Wagen? Sind sie wendig und im Freien nutzbar? (25 % des Gesamtwertes)

4. Montage: Wie kompliziert ist die Montage der Lauflernwagen? (10 % des Gesamtwertes)

Wichtigstes Kriterium ist die Sicherheit. Gerade, wenn Kindern erst zu laufen anfangen, noch unsicher sind und sich am Lauflernwagen hochziehen, muss der kippsicher dastehen und nicht zur Seite oder nach hinten umkippen.

Lauflernwagen im Einsatz bei Keno und Roya ... vor allem Zwillinge spielen mit dem Lauflernwagen super zusammen.

Die DtGV stellte fest, dass vor allem „Kastenwagen" - wie etwa der Ikea Mula - aufgrund ihrer Konstruktion viel schneller kippen als Wagen ohne Kasten-Konstruktion wie zum Beispiel der Haba Glitzer Flitzer.

Bei Produkten von Brio, Hape und Ikea lässt sich das Problem dadurch zu entschärfen, dass sich die Position des Haltegriffs variabel gestalten lässt.

Beim Testsieger Pinolino, der auch einen Kastenaufbau hat, ist es vor allem die Radpositionierung, die bei ihm zu mehr Kippsicherheit führte.

Ein weiterer neuralgischer Punkt bei der Einschätzung der Lauflernwagen ist das Bremssystem. Vier Modelle (EverEarth, Haba, Howa und I'm Toy) verzichten gänzlich auf die Möglichkeit, den Wagen mittels einer Bremse zu verlangsamen. Die anderen sechs bieten die Möglichkeit, den Rollwiderstand der Räder individuell zu verstellen, so dass die Geschwindigkeit durch Reibung entsprechend reduziert wird.

Über alle vier Kategorien hinweg war es am Ende der Lauflernwagen ‚Uli' von Pinolino, der mit der Note 1,8 („gut") als Gesamtsieger aus dem Test hervorging. Dank seiner überzeugenden Kippsicherheit - sowohl nach hinten, als auch zur Seite - konnte der Pinolino die zentrale Kategorie „Sicherheit" mit der Note 1,3 („sehr gut") deutlich für sich entscheiden. Weiterer Pluspunkt: ‚Uli' verfügt über ein individuell einstellbares Bremssystem, das die Gefahr von Stürzen enorm abmindert. Auch die gute Grundstabilität und Rutschfestigkeit fiel im Test positiv auf. (Quelle: „baby&junior")

Für Zwillingseltern heißt es trotzdem: Immer dabei (in Rufweite) sein und ein wachsames Auge auf die beiden Laufanfänger haben.

*) Die DtGV – Deutsche Gesellschaft für Verbraucherstudien mit Sitz in Berlin ist anbieterunabhängig und führt ihre Tests neutral und auf Basis von durch Experten entwickelten Kriterien durch. Sie arbeitet nicht im Auftrag Dritter.

LAUFRAD: Die beste Art, Fahrradfahren zu lernen

Erstes Fahrrad für Zwillinge: ein Laufrad

Vom Lauflernwagen zum Laufrad. Eigentlich ist die Erfindung des Laufrades schon „uralt" - Karl Drais erfand es noch vor dem Fahrrad und das war im Juni 1817. Heute würde der Erfinder mit seiner Idee richtig reich ... denn es gibt fast kein Kind, das nicht auf einem Laufrad seine ersten Fahrversuche macht. Warum ist das Laufrad so eine gute Idee?

Karl Drais revolutionierte im Juni 1817 mit seiner Laufmaschine die Mobilität. Seine Erfindung hat sich jedoch anfänglich wirtschaftlich kaum durchgesetzt. Da die ungeübten, meist männlichen Radeinsteiger in diverse Unfälle verwickelt waren, wurden die Laufmaschinen schnell verboten und galten auch für Kinder als ungeeignet.

Laufräder helfen das Gleichgewichtsgefühl zu entwickeln

Heute ist bekannt, dass gerade das frühe Erlernen der Balance später für die nötige Sicherheit sorgt. Radfahren ist nämlich weit mehr als das schnelle Vorankommen auf zwei Rädern. Es trainiert das Gehirn und die Koordination in Form des Zusammenspiels von Augen, Gleichgewichtssinn, Armen und Beinen. Die Basis für diese koordinativen Fähigkeiten eines jeden Menschen wird in jungen Jahren, genauer gesagt zwischen circa einem und 14 Jahren, gelegt. Kinder lernen das Fahrradfahren deshalb fast wie von allein - wenn ihnen die entsprechenden Anreize geschaffen werden.
Eine genaue Altersangabe, ab wann anschließend die selbständige Mobilität beginnt, gibt es nicht. Das Kind muss einfach selbst Lust dazu haben. Ab circa zwei Jahren sind in der Regel kurze, eigene Fahrstrecken denkbar.

Auch für Zwillinge sind Laufräder attraktiver als ein Kinderfahrrad mit Stützrädern. Stützräder scheinen ganz aus der Mode gekommen zu sein. „Kinder, die ihre ersten Fahrversuche auf Fahrrädern mit Stützrädern machen, lernen das Balancieren nicht. Entfernt man die Stützräder, müssen sie mehr oder weniger wieder von vorne beginnen", sagt Guido Meitler vom Kinderfahrzeughersteller Puky, der längst auch schnittige Laufräder (zum Beispiel LRM Plus" von Puky für 74,99 Euro) im Programm hat.

Beim Laufradfahren wird das Gleichgewicht dynamisch erreicht, jede Bewegung erfordert einen entsprechenden Ausgleich. Das kann zwar anfänglich mit einigen Stürzen verbunden sein, diese können jedoch mit ein paar Vorkehrungen abgemildert werden. Puky stattet seine Laufräder beispielsweise mit einer dicken Polsterung und Sicherheitslenkergriffen aus.

Laufrad nur im sicheren Gelände ausprobieren & fahren.

Wenn Zwillinge mit Laufrädern draußen herumdüsen, müssen Zwillingseltern allerdings doppelt aufpassen. Es empfiehlt sich deshalb auf jeden Fall, die Zwillinge nur in gesicherten Zonen auf ihren Laufrädern loszulassen. Und natürlich gilt auch hier: Helmpflicht.

Richtig Fahrradfahren erst, wenn sich die Zwillinge sicher fühlen.

Wann dann der Umstieg auf ein richtiges Kinderfahrrad erfolgen sollte, ist dann auch wieder eine individuelle Entscheidung. Manche Kinder steigen mit vier, andere mit fünf um.
Eigentlich kein Problem, denn das Gleichgewicht halten können sie schon. Jetzt muss nur noch kräftig getreten werden.

Auch mal klein angefangen: Leon und Leonie, jetzt 9 Jahre alt.

HERZLICHEN GLÜCKWUNSCH

Alles Liebe nachträglich zum 9. Geburtstag Leonie und Leon! Euch und Euren Freunden viel Spaß im Stadion!

ZWILLINGSGEBURTSTAG: Alles Gute zum Neunten!

Leon & Leonie feiern ihren neunten Geburtstag

Und diese ziemlich lange Zeit begleiten uns die beiden Ingolstädter nun schon. Wir haben schon viele schöne Fotos (siehe auch Seite 31) und kleine Geschichten der beiden in ZWILLINGE veröffentlicht. Diesmal können wir zum Geburtstag gratulieren.

So verlief der sagenhafte neunte Geburtstag der Zwillinge Leonie und Leon. Mama Sabine im Telegrammstil:
„Gleich in der Früh geht's los ... schau', ob der Tisch mit den Geschenken gedeckt ist .... (natürlich noch vor der Schule) ... dann gleich öffnen!
Dann ab in die Schule ... dann Kinobesuch ... dann Oma und Opa ... und natürlich auch Tante und Onkel zum Kaffee und Kuchen ...
Und zwischendurch geht's zum Einkaufen in die Saturnfiliale (mit dem Geburtstagsgeld natürlich) ... und abends mit dem großen Bruder Julian zusammen ins Wonnemar, unserem Erlebnis-Schwimmbad (dort gibt es kostenlosen Eintritt am Geburtstag) ... und die richtig große Party mit neun Kindern steigt am 20. März beim FC04 mit dem Maskottchen Schanzi! ... das war der Tag der Geburtstagskinder!"

Die Feier beim FC04 Ingolstadt toppt die privaten Feierlichkeiten.

Da haben Leonie und Leon ja einen rasanten Geburtstagsmarathon hingelegt. Doch die richtig tolle Feier kommt erst noch. Es geht zu ihrem Fußballverein, dem Ingolstädter FC04, die „Schanzer" genannt.

Bei den Fußballern kann man anfragen nach einer Geburtstagsparty. Die findet dann in den Räumlichkeiten der Schanzer statt. Die Einladungskarten werden vom Verein zugeschickt. Und wichtig für die kleinen Feierkinder: Schanzi, das Maskottchen des Vereins, ist natürlich mit dabei.

Leon und Leonie spielen selbst begeistert Fußball.

Leon und Leonie haben eine starke Verbindung zum örtlichen Fußballverein. Sie sind schon seit sie fünf Jahre alt sind, Mitglied bei den Schanzern.
Beiden macht Fußball richtig Spaß. Leonie möchte überhaupt nichts anderes machen als Fußball spielen und ihr Zwillingsbruder Leon macht sogar seit seinem Jahr beim FC04 Stützpunkttraining mit. Da wächst dann wohl ein neuer Fußballprofi heran ...
Die Geburtstagsfeier beim Fußballverein ausrichten zu lassen, hat die Familie von anderen, die es vorher schon ausprobiert hatten, empfohlen bekommen. Da diese Feiern sehr begehrt sind, muss man sie rechtzeitig buchen. „Wir haben die Geburtstagsfeier schon drei Monate im voraus gebucht", erzählt Zwillingsmutter Sabine. Die Feier, bei der auch eine Stadionführung dabei ist,

kostet 5,50 Euro pro Kind für die Führung und 12,50 Euro pro Kind für Essen und Getränke.

„Die Kinder werden zwei Stunden lang komplett betreut", freut sich Sabine, „für uns Eltern eine Entlastung und für die Kinder ein echt tolles Erlebnis. Alle waren total begeistert!"

Stadionführung ohne Tabus: die Kinder durften überall hin.

Allein die Stadionführung war toll. Auf der Anzeigentafel stand ein riesiger Geburtstagsgruß für die Ingolstädter Zwillinge Leonie und Leon. Und bei der Stadionführung mit Schanzi und Begleitung (also da durften auch die Eltern der Geburtstagskinder mit) duften die Geburtstagskinder und ihre kleinen Gäste quasi überall hin ... auf den Rasen, in die Kabinen und auch in den Studioraum, von wo aus der Stadionsprecher bei Bundesligaspielen das Geschehen kommentiert.

Danach gab's was zu essen für die kleinen Fußballfans. Und was gab's? Natürlich Wiener Würstchen mit Pommes und ein Getränk.

Und damit die Freude komplett war, kam auch der Lieblingsspieler von Leon und Leonie vorbei: Thomas Pledl. Er stand den kleinen Fans über eine halbe Stunde lang Rede und Antwort.

Leon und Leonie hatten insgesamt neun Kinder eingeladen - sie sind ja neun Jahre alt geworden. Und obwohl unter der eingeladenen Kinderschar auch zwei Kinder ohne Bezug zum Fußball waren, waren alle begeistert.

Kuchen kann man übrigens selbst zur Feier mitbringen. „Unser Kuchen waren eine Spezialanfertigung vom Backhaus Hackner in Ingolstadt", erklärt Zwillingsmutter Sabine. Warum FC Bayern und BVB Dortmund als Kuchendeko? Ganz klar, Leonie steht auf den Dortmunder Spieler Marco Reus (Nummer 11).

Maskottchen Schanzi schenkt noch einen Schal.

Zum Schluss gab's dann auch noch ein Geschenk vom Ingolstädter Fußball-Maskottchen Schanzi: Die Geburtagskinder bekamen einen Fan-Schal.

Wenn das nicht ein toller Geburtstag war?!

„Hoher Besuch" an der Geburtstags tafel: Der Ingolstädter Spieler Thomas Pledl steht den kleinen Fans Rede und Antwort.

Die Geburtstagskinder: Leon steht auf die Schanzer und auf den FC Bayern. Zwillingsschwester Leonie schwärmt für Marco Reus (Nummer 11) von BVB Dortmund. Die Torte schmeckt allen!!!

Zum Essen gibt's Wiener Würstchen und Pommes. Und das Schöne daran: die Organisation liegt beim Fußballverein.

Alle hatten einen Riesenspaß - auch die beiden, die nicht beim Fußballverein sind.
Und auch die Eltern ließen sich von Schanzi durch das Fußballstadion führen.

ONE-POT-GERICHTE: 3 neue Bücher - tolle neue Rezepte

One-Pot-Gerichte - schnell und einfach kochen für Familien

In Zwillings- und Drillingsfamilien können Mahlzeiten nicht nur zur Babyzeit wahre Raubtierfütterungen sein ... das Theater geht weiter, wenn verschiedene Geschmäcker berücksichtigt werden sollen und obendrein Eile geboten ist, weil sowieso im Alltag zu wenig Zeit ist. Für alles. Also auch fürs Kochen. Deshalb stellen wir Euch hier drei Kochbücher vor, die das Kochen für die Familie revolutionieren.

Schon damals, als meine eigenen Zwillinge noch Schulkinder waren, war das Mittagessen eine Herausforderung für mich. Noch in der Jacke (im Mantel etc.) fing ich an zu kochen ... gerade aus meinem Büro zurück gekehrt, die Zwillinge und der jüngere Bruder im Anmarsch.

Constantin, der heute als Koch ein eigenes Restaurant betreibt und gerade zum ersten Mal im Guide Michelin aufgenommen wurde, pflegte jeden Mittag schon an der Tür zu fragen: „Was gibt's zum Essen?" Wenn ich dann antwortete, erntete ich meist ein despektierliches: „Ekelkotz!"

So schlimm war mein Essen nicht, aber es war einfach und ging schnell und noch heute soll ich für Maximilian, den anderen Zwilling, jedesmal ein Essen aus der Kindheit kochen, wenn ich in Hamburg bei ihm zu Besuch bin: „Hackfleisch mit Zwiebeln, Mais und Nudeln" ... eigentlich auch ein klassisches One-Pot-Gericht. Wird (fast) alles in einem Topf = Pot gekocht.

Jetzt also wird dieses Thema der schnellen Familienküche professionell aufgegriffen. Wir stellen Euch hier die drei neuen Bücher vor. Irgendwie lag das Thema wohl in der Luft, dass es gleich drei Neuerscheinungen dazu gibt.

Steffi Sinzenich, „One-Pot - Gerichte für die Familie", 2019, 112 Seiten, Trias Verlag ISBN 978-3-432-10780-6, 14,99 € (D), 15,50 € (A).

Einfacher kann Kochen nicht sein - verspricht schon der Klappentext auf der Rückseite. Steffi Sinzenich, die Autorin, Mutter eines kleinen Sohnes und Food-Bloggerin muss es wissen. Sie hat die 78 hier enthaltenen Rezepte nicht nur mehrfach getestet, sie hat sie entwickelt.

Seite 36 ZWILLINGE 38

Immer schon küchentechnisch sehr interessiert: Maximilian (im Vordergrund), heute Herr über einen Thermomix und Constantin (im Hintergrund), Koch mit eigenem Restaurant www.restaurant-lindenallee.de. Hier helfen sie der Oma beim Kochen.

Schauen wir mal, welche Rezepte es gibt. Schon zum Frühstück kann man sich aus dem neuen Triasbuch bedienen. Wie ich dachte, gibt es einige Vorschläge für Porridge - mit Zucchini (zum Frühstück?), Vanille, Banane und Apfelkuchen. Natürlich gibt es auch Müslirezepte und das ist mal was richtig Interessantes: ein Omelette aus dem Topf. Zwei Fragen drängen sich mir auf: Erstens - mögen Kinder wirklich Porridge? Zweitens - wieviel Schnippelarbeit ist dabei ...

Nudeln mit Gemüse - wenn nur das lästige Schnippeln nicht wäre!

Weiter geht's mit Nudeln in allen Variantionen. Das kommt bei Kindern sich gut an - vorausgesetzt, sie möge die Zutaten (die außer den Nudeln in den Topf kommen). Die Zubereitung ist einfach: Wenn nur das lästige Schnippeln von Gemüse & Co. nicht wäre ... es kommt alles (Gemüse & Nudeln) in einen Topf mit etwas Wasser, zehn Minuten bei offenem Deckel kochen lassen, immer mal umrühren. Fertig.

One Pot heißt ja eigentlich nichts anderes als „ein Topf" = Eintopf. Damit verbindet man eigentlich immer so etwas wie Linseneintopf (mit und ohne Würstchen) oder Gulaschsuppe (vom Herd oder aus der Gulaschkanone).

Doch die heutigen Eintopf-Gerichte sind pfiffiger und man staunt: es kann sehr viel mehr in einem einzigen Topf zubereitet werden, als man denkt. Spart dann auch den lästigen Topfabwasch (für den ich auch einen Trick habe ... siehe Seite 38).

Weiter geht's mit Reis und anderem Getreide. Die Kombination macht's. Kommt drauf an, was man dazu kombiniert (und was den Kindern schmeckt), kommen da ganz tolle Kreationen raus und immer nur in einem Topf gekocht.

Bei Suppen verwundert dies weniger. Die hat man ja schon immer in nur einem Topf gekocht - siehe Linsensuppe/-eintopf. Huch! Und da ist er ja ... auf Seite 70, allerdings in einer sehr aufwendigen Variante.

Das ist überhaupt der einzige Kritikpunkt, den ich an den One-Pot-Büchern (insgesamt) habe. Sie suggerieren schnelles Kochen, was ja auch stimmt, da der Kochvorgang an sich nicht lange dauert. Aber die Vorbereitungen! Je mehr Gemüse, desto mehr Schälen, Kleinschneiden, Würfeln etc. Das dauert dann eben seine Zeit ...

Was ich dennoch als sehr positiv mitnehme aus diesem und den anderen Büchern ist, dass schöne Ideen dabei sind, die ich auch ausprobieren werde, obwohl hier meist nur mein Mann und ich zu Tisch sitzen. Aber die Meute kommt ja immer wieder mal vorbei ... und dann werden Josephine und der kleine, noch unbekannte neue Enkel sicher auch gern ihren Löffel bei mir schwingen ...

PS. Im Buch sind auch noch Rezepte für diverse Pfannengerichte und natürlich für Nachspeisen enthalten.

Mehr von Steffi Sinzenich

Steffi ist Food-Bloggerin und man kann ihr täglich folgen unter

www.gaumenfreundin.de

Mein Trick mit dem Abwasch von Töpfen

Meine Edelstahltöpfe sollen laut Hersteller keinesfalls mit der Spülmaschine in Berührung kommen. Da ich nichts mehr hasse (außer Bügeln und Staubsaugen) als Geschirrspülen, habe ich es dennoch ausprobiert.
- Töpfe vom groben Schmutz = Essensresten befreien,
- einige Stunden mit Wasser gefüllt stehen lassen,
- in das Wasser gibt man drei Spritzer flüssige Zitronensäure (löst den Kalk);
- ab in die Spülmaschine = perfekt

Veronika Pichl, „One-Pot für Kinder", 2019, 96 Seiten, Riva Verlag ISBN 978-3-47423-0955-6, 9,99 € (D), 10,30 € (A).

Auch Veronika Pichl ist auf die neue (alte) Methode gekommen: alles rein in einen Topf, Wasser rein, (manchmal) Deckel drauf und fertig. Die Autorin zahlreicher Kochbücher mit eigenem Verlag www.happyfitfood.de hat sich die Methode von der „One-Pot-Erfinderin" und „Überhausfrau" Martha Stewart abgeguckt, ausprobiert und selbst Gerichte entwickelt und die sind in diesem Buch enthalten.

Schauen wir mal rein: Los geht's mit einem Text über das One-Pot-Kochen und seine Vorzüge (schneller Kochen, weniger Geschirr schmutzig machen, gesunde Kost, es schmeckt den Kindern und last, but not least: man kann damit Sparen und hier nicht nur Zeit).

Auch starten die Rezepte mit Gerichten, die beim Frühstück Verwendung finden. Weiter geht's mit einfachen Nudelrezepten und auch mit Gnocchi (die man nicht „Knotschi" ausspricht, sondern „Njocki").

Für Reis und verschiedene Getreidesorten gibt es ebenfalls Gerichte, die einfach und schnell nachzukochen sind. Und was ich wieder besonders interessant finde, sind Aufläufe vom Blech oder in einer Auflaufform.

Ich sehe schon, da werde ich eine Zeit lang brauchen, bis ich alles mal ausprobiert habe ...

Halt: Diese tollen One-Pot-Kochbücher verlosen wir mit der Aktion Buch gegen Beitrag. Siehe Kasten hier unten.

Bastelbuch für Obst- & Gemüsefans

Auf der Website

www.one-pot-fuer-kinder.de

könnt Ihr das kostenlose E-Book „Das lustige Obst- und Gemüse-Bastelbuch" anfordern. Mit witzigen, selbst gebastelten Tierchen aus Obst und Gemüse schmeckt es Euren Zwillingen nochmal so gut.

Verlosung der Bücher

Schreibt uns ein paar Zeilen über Eure Zwillinge (gern auch, wie Ihr mit ihnen kocht) und sucht Euch als Dankeschön eines der drei hier vorgestellten Bücher aus.

Stiftung Warentest „Yummi Mami Ruckzuck Kochbuch", 2019, 206 Seiten, Riva Verlag ISBN 978-3-7471-0037-0, 24,90 €.

Mehr als 100 Gerichte sind in diesem Kochbuch für Familien enthalten. One Pot oder nicht ... alles ist ratzfatz auf dem Tisch, gesund und schmeckt auch noch. Dazu gibt's leicht verdauliche Informationen rund ums Essen.

Schnell muss es gehen ...

Auch in diesem Kochbuch liegt der Fokus auf Schnelligkeit beim Kochen (und trotzdem gesund und schmackhaft) ... wenn ich mir aber so bei vielen Rezepten die Zutatenlisten anschaue, beschleicht mich das Gefühl, dass das Kochen zwar schnell geht, aber die Vorbereitungen (Schnippel & Co.) endlos dauern könnten.

Kein Problem: Spannt Eure Zwillinge ein, die machen bestimmt gern mit.

Guten Appetit!

FOTOPARADE: Sonnenschutz mit coolen Brillen

Wer hat die längste Gummischnur? Drei Grazien (Drillinge) aus Landsberg.

„Trockensandspielen" auf der Decke ... macht auch Spaß - jedenfalls Max und Paul aus München.

Malin, Justin und Coralie probieren die Sonnenbrillen schon mal aus.

FOTOPARADE: Sonnenschutz mit coolen Brillen

Umarmung mit Brille ... Vorsicht: wenn zwei mit Brille sich küssen, klappert's.

Neue Fotos gesucht ... wir nehmen immer noch gerne Fotos ... schickt sie an info@twins.de

Wir befinden uns noch in der Untersuchungsphase - Marilyn und Gloria.

Nils und Nick im Maul des Drachen - da hilft auch keine Sonnenbrille.

Flori und Caro beim Sonnenbrillentest zu Hause.

ERZIEHUNG: Zwillinge erziehen sich irgendwie gegenseitig

Streiteritis liegt manchen Kindern im Blut

Zwillingsmutter Wenke hat auch beruflich mit vielen Kindern zu tun. Sie hat festgestellt, ob sich Kinder - auch Zwillinge - gut vertragen, liegt nicht an der Erziehung. Mit den eigenen Zwillingen hat sie Glück gehabt, Bruder Hannes muss allerdings abgelenkt werden ...

Chaos im Kinderzimmer ... das herrscht bei uns täglich, sowohl bei meinen vierjährigen Zwillingen Maria und Luise, als auch bei meinem achtjährigen Sohn Hannes. Ich bemühe mich immer wieder, die Kinder selbst zum Aufräumen zu bewegen und sie mindestens mit einzubeziehen, obwohl es ja viel schneller und nervenschonender geht, es selbst zu tun ...

Ich könnte gut ein paar Tipps und Anregungen gebrauchen, vor allem weil Aufräumen auch meist zu der stressigsten Zeit des Tages - am Abend - angesagt ist.

Mein Stress hält sich in Grenzen.

Insgesamt habe ich keinen besonders großen Stress mit meinen Kindern, trotzdem führen 1.000 Kleinigkeiten oft dazu, dass ich mich dann doch gestresst fühle . Eines meiner Themen diesbezüglich sind die Streitereien unter den Kindern. Natürlich versuche ich, mit meinen Kindern so umzugehen und sie anzuleiten, dass Streitigkeiten zwar nicht ausbleiben, allerdings gelöst werden können.

Nur hat man ja nicht immer Zeit, sich immer nur mit den Kindern zu befassen ... als Mutter (die als Erzieherin nur stundenweise in einem Schulhort arbeitet) hat man auch mit Kochen, Putzen und Waschen genug zu tun.

Wenn es nötig ist, versuche ich meine Kinder vom Streit abzulenken und sie sinnvollerweise auch in meine Arbeiten einzubeziehen. Ich bitte sie dann, schon mal den Tisch zu decken oder mit den Wäscheklammern zu spielen, während ich die Wäsche aufhänge.

Oft hilft es auch, nur ein Kind zu beschäftigen, während die anderen beiden dann in Ruhe und ohne Streit weiterspielen können.

Trotz aller guten Tipps und Vorsätze muss ich feststellen, dass die „Streiteritis" einfach in der Natur der Kinder steckt und jedes Kind anders ist, was auch Konflikte mit sich bringt. Manche Kinder können sich leicht beim Spielen unterordnen, während andere sich immer durchsetzen wollen. Und dann gibt es Streit.

Meine Zwillinge konnten schon immer sehr lange und friedlich zusammen spielen, Hannes dagegen will immer seinen Kopf durchsetzen und streitet sich deshalb oft mit Maria und Luise und natürlich auch mit anderen Kindern.

Beim Streitthema kann ich jedenfalls feststellen, dass sich Zwillinge leichter erziehen lassen als „Einlinge" - sie vertragen sich besser, jedenfalls meine. Die Ursache für das viele Streiten bei Kindern und auch Zwillingen liegt sicher nicht in der Erziehung, sondern vielmehr in der Individualität der jeweiligen Kinder. (Wenke D.)

Die Zwillinge Maria und Luise streiten weniger ... anders Bruder Hannes, der will immer seinen Kopf durchsetzen.

Wie beschäftigt man Zwillinge und Drillinge sinnvoll?

Natalie Schmitz ist Zwillingsmutter und Erzieherin. Sie hat zwei tolle Bücher für uns zusammengestellt. Bestellen kann man sie überall - im Internet (Amazon & Co.), im Buchhandel und unter www.twins.de

Carola Meißner
Speziell für Zwillingsfamilien

FAMILIENBERATUNG MIT HERZ UND VERSTAND
www.familienberatung-meissner.de - Telefon 0171-8300 932

UNSER KLEINES LAZARETT: alle vier Kinder krank ...

Wie das Leben so spielt & alle Kinder krank

Manchmal ist es wie verhext: Da plant man eine schöne Woche und wie das Leben so spielt, wird ein Kind krank. Aber Diana hat „vier von der Sorte", darunter Zwillinge. Und ja ... es hat schließlich alle erwischt. Karma, Schicksal ... was will man machen?

Es sollte eine sehr entspannte Woche werden, eine Woche für mich und ich freute mich schon lange darauf. Als Elia, unser Ältester, sich im Dezember für das Schul-Skilager in der ersten Sportferienwoche im Februar anmeldete, formten sich meine Pläne. Er würde also die erste Woche im Skilager sein, warum also nicht die drei anderen Jungs in dieser Woche in die Skischule schicken und so eine ganze Woche für mich haben? Naja, zumindest von 10 bis 15.30 Uhr, aber schon das ist fantastisch.
Von Montag bis Freitag snowboarden und Ski fahren, wo ich will, so schnell ich will, gemütlich einen Kaffee trinken, dort essen, wo ich Lust habe, sich mal um niemand anders kümmern ... Schon fast utopisch, nicht wahr?

Mit Husten fing es an ...

Die Jungs waren so halbwegs begeistert von der Idee mit der Skischule. Wir sind Mitglieder im Skiclub Laax, wo die Kinder bei den Junioren jeden Samstagvormittag trainieren. Es ist auch eine Kostenfrage, die Skischulen sind teuer und drei Kinder summieren sich. Doch diesmal wollte ich mir diese Woche leisten, manches ist den Preis einfach wert. Und da mein Mann erst in der zweiten Woche Ferien nimmt, würde mich die Skischule prima entlasten.
Es fing mit Husten an und zwar bei Elia, zwei Wochen vor den Sportferien. Nase auch komplett verstopft. Genug Zeit, um wieder fit zu werden, Hustensirup und Nasenspray sollten helfen, taten sie aber nicht. Stechen im Ohr, ab zum Arzt. Infekt.

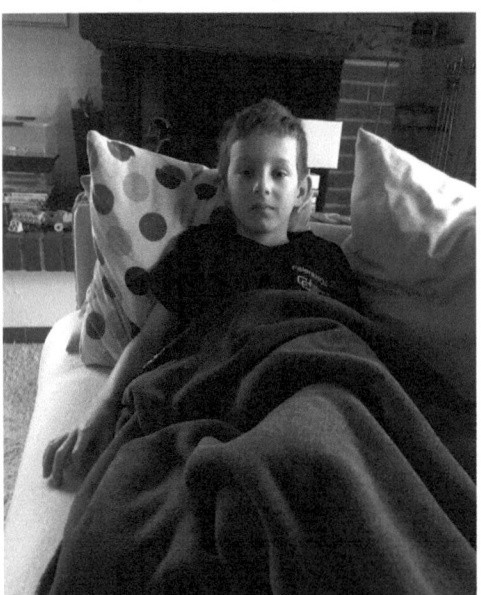

Auch David hat es erwischt. Statt Skischule heißt es Bettruhe in der Ferienwohnung.

Was nach einer lustigen Pyjamaparty aussieht, ist in Wahrheit ein Lazarett. Alle Jungs sind krank geworden.

Wir nehmen es gelassen, Elia ist müde, angegriffen. Wir haben noch über eine Woche Zeit. Er nimmt die verschriebenen Medikamente, dem Ohr geht es besser, der Nase und dem Husten nicht. Mittwoch vor den Ferien kommt das Fieber und Kopfschmerzen. Und langsam dämmert es mir, dass das mit den Ferien anders laufen könnte. Elia fährt eventuell am Samstag nicht ins Skilager. Was dann?

Die Grippe geht um und sie verirrt sich auch zu uns ...

Viele sind krank, die Grippe geht rum. Elia ist völlig erledigt, müde, apathisch, kraftlos. Am Freitag beschließe ich, mit den drei Jüngeren nach Laax zu fahren. Elia geht es ein wenig besser. Mein Mann übernimmt die Wochenendbetreuung. Ein Nachreisen ins Skilager ist möglich, eventuell am Sonntag oder Montag. Wenn er bis dann gesund ist und auch körperlich wieder mag.
Elia hofft, er hat sich sehr auf das Skilager gefreut. Es würde mir sehr, sehr leidtun, wenn er nicht fahren könnte. Täglich oder fast stündlich gehen mir die verschiedenen Varianten durch den Kopf, wie wir welche Situation handhaben könnten. Falls er bis am Montag doch nicht ins Lager nachreisen kann, dann würde ihn meine Mutter am Dienstag nach Laax bringen. Dann könnte er hier ein wenig entspannen und ich mich um ihn kümmern. Die jüngeren Brüder wären ja dann in der Skischule ...
Ich mag es nicht, dieses ständige Gedankenspiel. Dann muss ich joggen gehen, um Ruhe in den Gedankenfluss zu bringen und Lösungen zu finden. Es ist anstrengend - dieses hin und her und manchmal habe ich so genug davon. Aber das ist halt so mit Kindern. Wie ich in diesen Augenblicken den Satz hasse.
Ja, es ist so, aber für einmal will ich es nicht so. Für einmal soll es so laufen wie geplant. Weil ich nicht einfach so schnell wieder eine Woche für mich bekomme. Weil diese Woche kostbarer als Gold ist, weil ich mich zu Recht darauf gefreut

habe, weil ich sie brauche, weil ich sie verdient habe, weil ich über die letzten dreizehn Jahre gesehen diese Wochen an einer Hand abzählen kann und dabei noch Finger übrigbleiben.

Ich treffe auf dem Rückweg meiner Joggingrunde Mara, eine Freundin, die auch vier Kinder hat. Keine Zwillinge, alle nacheinander. Ich sage ihr immer, wenn sie klagt, dass sie ja so viel Kinder wollte, ich nicht. Sie versteht mich, sie weiß, wovon ich rede und von ihr bekomme ich keine Allerweltssätze, die mich zur Weißglut bringen wie: „Mit Kindern kann man halt nicht planen, da muss man flexibel bleiben ..."

Kann man denn als Mutter keine eigenen Pläne mehr machen?

Ja, Herrgott nochmal, soll ich denn keine Pläne mehr machen? Mich auf nichts mehr freuen, nur weil ständig die latente Gefahr einer Grippe, Erkältung, Mittelohrentzündung oder Magen-Darm-Grippe über uns schwebt? „Jaja, ist halt bei vier Kindern schwierig ..." - der nächste gescheite Satz. Klar, das Risiko ist höher, aber deswegen kann ich doch nicht den Kopf in den Sand stecken und denken, ist halt so, was soll es, streichen wir alles, macht mir nichts aus, darauf war ich vorbereitet. Nein, war ich nicht und es kotzt mich tierisch an, schon wieder alles umzukrempeln und meine Bedürfnisse hinten ran zu stellen oder noch besser komplett streichen.

Mara versteht mich. Keine Allerweltssätze. Sie meint, dass sie in solchen Situationen richtig aggressiv werde und es den Kindern richtiggehend übelnimmt. Sie sei dann auch gar nicht die so liebevoll pflegende Mutter wie im Bilderbuch und nehme die ganze Sache echt persönlich. Ach, wie befreiend, Mara zu treffen, sie spricht das aus, was ich denke.

Es ist Freitag, ich fahre mit David, Davor und Moses nach Laax und lasse Elia mit meinem Mann zurück. Am Samstag sind wir mit dem Skiclub unterwegs, es ist ein schöner Tag, die frische Bergluft tut gut, durchatmen.

Am Samstagabend bekommt Davor Schmerzen in den Beinen und im Kopf. Ich ahne, was da kommt, will es aber noch nicht glauben, meine süßen Pläne noch nicht aufgeben. Bis sich dann David in der Nacht übergibt. Mehrmals. Land unter. Ich rufe am Sonntagmorgen die Skischule an und verschiebe unseren Kurs um eine Woche.

Es tut weh. Es ist unfair und ich bin wütend. Nicht auf die Kinder, auf Gott und die Welt. So sinnlos, genau jetzt, was habe ich getan?!? Fragen, die niemand beantworten kann, so ist halt das Leben, Schicksal, manchmal würgt es mich, kann ich es kaum schlucken. Wie jetzt.

Davor hat Fieber, liegt eingekuschelt auf dem Sofa. David übergibt sich nach jedem Schluck, er tut mir sehr leid. Ich fahre zur nächsten Apotheke, hole etwas gegen die Übelkeit und um das Immunsystem von Moses und mir zu stärken. Ich werde nie krank, außer vielleicht mal eine Erkältung. Es wäre mir eigentlich recht, wenn Moses jetzt auch gleich krank würde, wenigstens alle gleichzeitig.

Langsam wird's wieder ...

Es ist Montag, es schneit. Elia ist wieder fit und reist ins Skilager nach. Ich freue mich sehr für ihn. David muss sich nicht mehr übergeben. Beide (Davor und David) sind noch arg müde und haben leicht Fieber. Ich schicke Moses nach draußen an die frische Luft. Zwischendurch mache ich kurze Spaziergänge. Ich werde wieder ruhiger, die Dinge haben ihren Lauf genommen.

Es ist eine entspannende Zeit. Da wir in unserer Ferienwohnung sind, gibt es nicht viel zu tun. Zeit, sich um die Kinder zu kümmern, zu lesen, Spiele zu machen und auch mal ein kleines Nickerchen. Die Kinder sind friedliche Patienten, zu müde, um zu streiten.

Das Wetter hält, die Ferien dauern noch an und die Jungs werden wieder gesund.

Ab Dienstag scheint die Sonne vom stahlblauen Himmel. Und ich halte es in der Wohnung kaum noch aus. David und Davor geht es besser, doch nun klagt Moses über Kopfschmerzen. Ist ja logisch - doch mir wird es zu viel in den vier Wänden. Ich brauche Luft. Früh am Morgen, wenn die Kinder noch schlafen, gehe ich joggen, negative Energie loswerden, positive Energie laden. Geduld, bis Ende Woche ist alles durch, das Wetter bleibt gut, die Pisten auch.

Mittwoch ist unser Schontag. Davor und David sind gesund und essen auch wieder. Moses ist fieber- und schmerzfrei, doch er braucht noch den Tag zur Erholung. Auch am Donnerstag machen wir nicht viel. Im nahen Kino läuft der neue Lego-Film und wir sind die einzigen Zuschauer. Nachmittags um drei, bei strahlendem Sonnenschein und perfekten Pisten. Mir ist es egal, die Kinder haben sich diesen Film verdient.

Am Freitag gehen wir Skifahren. Es ist wunderschön und auch die Kinder genießen es sehr! Alle wieder gesund.

Am Samstag kommen Elia und mein Mann nach Laax. Wir erleben eine traumhafte Woche, das konstante Hoch sorgt für viel Sonne. Davor, David und Moses gehen in die Skischule und sind begeistert. Wir auch, die Zeit für uns tut gut.

Ende gut alles gut? Ja, schon, aber es hätte ruhig auch wie geplant laufen dürfen. (Diana R.)

Wer sagt's denn? Alle Jungs wieder fit, die Sonne scheint noch, der Schnee ist super und Mama Diana kommt doch zu „ihrer" Woche ...

ZWILLINGE TRENNEN? Nicht immer unbedingt nötig

Kindergarten: Nicht immer eine schwere Entscheidung

Die erste große Erziehungsfrage kommt auf die meisten Zwillingseltern zu, wenn sie darüber entscheiden sollen, ob ihre Zwillinge in eine gemeinsame Kindergartengruppe kommen sollen oder ob man sie besser trennt. Heute wird diese Frage oft mit den Eltern zusammen entschieden und nicht über deren Kopf hinweg. Und manchmal gibt's nur eine Gruppe.

Unsere Zwillinge Gianluca und Laurin sind jetzt schon fünf Jahre alt und sie besuchen einen gemeinsamen Kinderngarten. Die Diskussion, ob wir die beiden zusammen oder getrennt in einen Kindergarten schikken, blieb uns glücklicherweise erspart, denn bei uns im Dorf haben wir nur eine einzige Kindergartengruppe.

Warum müssen es immer getrennte Kindergartengruppen sein?

Die beiden sind auch irgendwie froh, dass sie zusammen in den Kindergarten gehen können, sie sind auch überhaupt nicht aufeinander fixiert. Jeder spielt dort, wo er möchte und jeder hat seine eigenen Freunde. Es reicht ihnen völlig, zu wissen, dass der Zwillingsbruder auch anwesend ist und bei Bedarf helfen kann.

Zwillinge sind kein Mehraufwand!

Wir sind sehr glücklich, dass es so gut klappt und sehen der gemeinsamen Schulzeit auch ohne Sorgen entgegen.
Ich empfinde es sowieso als großes Glück, Mutter von Zwillingen zu sein. Für mich ist es öfter eine Erleichterung, dass ich Zwillinge habe, als ein Mehrwaufwand. Als unsere drei Mädchen (wir haben insgesamt fünf Kinder) alle drei eingeschult waren und

Alles über Zwillinge im Kindergarten

Wenn Zwillingseltern unsicher sind, ob sie ihre Zwillinge in getrennte Kindergartengruppen oder Schulklassen geben sollten, dann finden Sie in diesem Buch viele Anregungen, die ihre Entscheidung „unterfüttern". Andere Eltern, Erzieher und Lehrer haben sich hier zu Wort gemeldet.

ISBN 978-3-927058-15-6, 19,90 Euro, im Buchhandel und bei uns unter www.twins.de

vormittags nicht mehr als Spielkameraden zur Verfügung standen, war es ein Segen, das die zwei immer jemanden zum Spielen hatten.
Ein Einzelkind hätte sich viel mehr gelangweilt und ich hätte viel mehr Zeit für ein Einzelkind aufbringen müssen. Zeit, die ich leider oftmals nicht habe. Gerade, wenn die Mädchen ihre Hausaufgaben erledigen müssen und meine Hilfe brauchen, ist es immer wieder gut zu wissen, dass Gianluca und Laurin zusammen spielen. (Marianne W.)

Der Trennungswahn im Kindergarten ist heute einer entspannteren Haltung gewichen ...

Oster-Gewinnspiel: Sophie und Emil freuen sich über das süße Kleidungsset vom Osterhasen ... das heißt vom Zwillingsausstatter Zwillingslook. Mehr Info unter www.zwillingslook.de

Sophie und Emil

EINMAL FAN, IMMER FAN: So werden wir Popstars

Zwillinge - immer ein besonderer Blickfang

Auch diese Zwillinge wollen wie Marcus und Martinus aus Norwegen eine Popkarriere starten. Die richtige Frisur haben sie schon, schreibt uns Zwillingsmutter Sandra.

Meine beiden Jungs werden am 11. Mai zehn Jahre alt. Sie sind totale Fans der Popstars Marcus und Martinus aus Norwegen. Das ganze Zimmer der beiden ist tapeziert mit Posters und der „Under Cut-Haarschnitt" musste natürlich auch noch her.
Wir haben auch schon Pullover von den beiden Norwegern. Das Buch über das norwegische Pop-Duo wäre ja dann der Hit!
Die Ausgabe von ZWILLINGE Nr. 36 durfte ich nur schnell überfliegen und schwups weg war sie und meine beiden haben den Bericht über die norwegischen Zwillinge Marcus und Martinus verschlungen.

Marcus & Martinus - unsere Geschichte, 208 Seiten, Verlag Schwarzkopf & Schwarzkopf 19,99 Euro, ISBN 978-3-86265-750-6

Jonas und Leon haben nicht nur die richtige Friseur - sie tragen auch das Fan-Outfit, das sie als größte Fans der norwegischen Zwillingsbrüder Marcus und Martinus ausweist.

Seite 50 ZWILLINGE 38

ZWILLINGE IN SALZBURG: Turbulent geht's bei uns weiter

Rund geht's ... bei Astrid und Janna

Astrid und Janna, die eineiigen Zwillinge aus Salzburg, begleiten wir schon seit ihrer Geburt. Mutter Sigrid ist Autorin zahlreicher Bücher und hat immer einiges zu erzählen. Heute berichtet sie uns davon, wie das mit den Brillen lief ... anfangs nicht so gut ...

Intensiv. Ja so habe ich die vergangenen Wochen erlebt. Und mir kommt vor, dieser Trend potenziert sich. Oder vielleicht sind wir bloß urlaubsreif? Auf jeden Fall war wieder eine Menge los. Ein bisschen so wie in meiner Lieblingsklamauk-Serie „Shameless".

Wer hätte das gedacht: Janna und Astrid brauchen eine Brille.

Also Astrid und Janna tragen nun eine Brille. Dank der schulärztlichen Reihenuntersuchung sind wir darauf gekommen. Denn in der Wahrnehmung aller Familienmitglieder haben die beiden Adleraugen gehabt und waren komplett unauffällig in ihrem Defizit. Doch offensichtlich haben sie grandios ihre Weitsichtigkeit kompensiert, dass niemand auch nur ein Fünkchen Ahnung hatte. Ich bin beim Augenarzt schier vom Sessel gekippt und brauchte ein paar Tage, bis ich damit klar kam, denn die Anzahl der Dioptrien ist gar nicht so wenig. Dazwischen wurden wir in der Sehschule vorstellig, wo wir im Warteraum, die Mädels mit ihren spacigen Probierbrillen auf der Nase, saßen und ihre Hausaufgaben erledigten.

Beim Optiker meines Vertrauens suchte sich Astrid eine runde, lilafarbige und Janna eine eckige, aubergine-blaue aus. Dazu gab es neue coole Kappen, da ich unschlüssig war, ob ich bereits in optische Sonnenbrillen investieren sollte. Diese haben wir mittlerwei-

Jetzt ist der Verwechslungs-Schabernack ein für alle Mal vorbei ... Astrid (oben) und Janna (unten) haben verschiedene Brillen.

*Eisessen zu dritt ... Janna (links) und Astrid mit ihrer Freundin Sophia in der schönen Salzburger Altstadt.
Der Fahrradstress scheint auch überwunden ... denn die drei sind mit dem Fahrrad gefahren. Natürlich nicht allein - dazu sind die Zwillinge noch zu jung.*

„Willi Wunder" - das Bildererzählbuch fürt alle Kinder, die ihre Einzigartigkeit entdecken wollen

Etwas Wunderbares passiert eines Tages in Willi Wunders Leben: Aus einem Spaziergang wird eine Weltreise. Dabei trifft er die unterschiedlichsten Tiere. Sie alle verfügen über bestimmte Fähigkeiten. Willi Wunder fragt sich: „Wie wäre es, genau so zu sein wie diese Tiere? Wie wäre es, selbst zu fliegen, bis zum Meeresgrund zu tauchen und riesengroße Ohren zu haben?" Mama hilft ihm zu sehen, dass die Phantasie Träume wahr werden lässt und dass jedes Lebewesen einzigartig ist. Auch Willi Wunder, der sich darauf freuen darf, all die Wunder in sich selbst und um sich herum zu erkunden.

„Willi Wunder – Das Bilder-Erzählbuch für alle Kinder, die ihre Einzigartigkeit entdecken wollen" ist fröhlich illustriert und unterstützt mit zahlreichen Mit-Mach-Seiten, eigene Stärken und Besonderheiten zu erkennen. Darüber hinaus werden Kinder zu einem achtsamen Umgang mit sich selbst und ihrer Umwelt eingeladen und erfahren, warum Tiere, Natur und Mutter Erde so wertvoll für uns sind.

**Band 19 BILDER der Kinder- und Jugendsachbuchreihe SOWAS! * sowas-buch.de *
Verlag edition riedenburg
www.editionriedenburg.at
ISBN: 978-3-99082-005-6 € 14,90.**

le auch schon, weil die beiden ganz gewissenhaft ihre Brillen tragen.

Zu Beginn kamen sie immer ohne Brille auf der Nase aus der Schule und das hat Ärger bei mir ausgelöst. Es stellte sich heraus, dass meine Mädels auch eitel sind und ihnen die Umstellung zu Beginn etwas schwerfiel.

An einem Freitag durfte ich eine völlig aufgelöste Janna in Empfang nehmen, die ihre Brille vermisste. Dreimal war ich in der Schule, um mit Hilfe des Schulwarts, der Klassenlehrerin und der Werklehrerin diese aufzuspüren. Chancenlos.

Brille weg ... was für ein schlechtes Gewissen!

Janna litt das ganze Wochenende unter ihrem schlechten Gewissen. Am Montag tauchte die Brille dann unverhofft wieder auf: Die Dame von der Essensausgabe hatte sie im Müll gefunden. Wie sie dorthin kam, ist uns bis heute noch ein Rätsel. Janna war überglücklich und ich sehr erleichtert. Seither gibt sie ihre Brille vor dem Sportunterricht immer ins Etui und verstaut dies in der Schultasche.

Wie sich die Erziehung unterscheiden kann?!

Dann hatten wir Besuch von einer Schulfreundin, die nur kommen konnte, wenn sie das ältere Geschwisterkind mitnehmen durfte. Das war von Anfang bis Ende ein Heckmeck und ich stellte fest, wie unterschiedlich erzogen wird. Ich musste so oft wie sonst nie eingreifen, da das Begleitkind wohl die Mama in Konfliktsituationen kopierte und ich wiederum mir nur zu gut vorstellen konnte, welch ein Wind bei meinen Gastkindern zu Hause weht.

Die Krönung war, als das Muffinpapier aus dem Autofenster beim Heimbringservice meinerseits rausgeworfen werden sollte. Der stressige Tag endete mit dem Eintausch des Bolzenschneiders in ein Upgrade bei Obi, da wir eine Woche vorher eine Panne der besonderen Art hatten. Wir waren nämlich mit dem Rad nach Hellbrunn gefahren und ich hatte daheim schon gemerkt, dass irgendetwas mit meinen Fahrradschloss nicht stimmte. Janna sperrte ihres ab, ich hängte Astrid an meines dran.

Leider bekamen wir meines nicht mehr auf, so mussten wir zu Fuß nach Hause - die Mädels tauschten sich mit Gehen und mit Jannas Rad fahren ab - aber bitte im Höllentempo, schließlich war es schon spät. Und das war mit einer verzweifelten Astrid nicht so einfach.

Nach dem Kauf des Bolzenschneiders düsten wir wieder hin, bekamen Hilfe und das Schloss aufgeknackt.

Ich war glücklich, als ich mein und Astrids Rad in das Auto packen konnte und wir uns einen Weg sparten. Dass ich dabei die Decke und den Kindersitz schmutzig machte, war mir egal.

Mein Fahrrad ließ sich nicht mehr aufsperren - welch' ein Stress!

Am nächsten Tag fuhren wir mit dem Rad zum Konzert der „Hollerstauden" (Kinderfestspiele) in die Stadt und Astrid achtete penibel darauf, ihr Rad mit ihrem eigenen Schloss zu versperren. Und vergaß nicht zu betonen, wie fürchterlich der Stress am Vortrag war.

Zuletzt kam Astrid unverschuldet in die Auswirkungen einer Rauferei von Mitschülern. Ihre Nase war aufgeschrammt, das Knie lädiert, Hand und Kopf schmerzten auch.

Da war ich richtig empört, weil eine Frühbetreuung, die wir in der Schule nicht haben, das verhindern hätte können. Doch viel Zeit zum Aufregen hatten wir nicht, da wir primär mit Hausübungen erledigen und Üben beschäftigt sind.

Wir freuen uns schon auf die Sommerferien! Ihr Euch auch schon? (Sigrun Eder)

ZWILLINGSFLOHMARKT: Treffen, Kaufen, Austausch

Zu Gast beim Zwillingsbasar in Haslach

Lang, lang ist's her, dass ich einen Zwillingsflohmarkt besucht habe, noch länger, dass ich selbst Zwillingsbasare in und um München veranstaltet habe. Diesmal hatte ich den Auftrag über den Zwillingsbasar in Wangen (Allgäu) zu schreiben und machte mich am 23. März auf den Weg.

Weil meine Karriere als Zwillingsautorin dem Ende entgegen geht, ich aber gerne schreibe und das auch weiterhin tun möchte, suche ich mir andere Felder und schreibe ab und zu (meistens Themen über das Stricken) für DIE ALLGÄUERIN, ein Magazin wie das besser bekannte „LandLust".

Diesmal wollte ich etwas über die vielfachen Zwillingsaktivitäten im Allgäu schreiben. Und da gibt es seit fast 20 Jahren einen Zwillingsbasar in Wangen, das im Allgäu liegt. Genauer gesagt findet der Basar in Haslach bei Wangen statt, wo die Waren in einer großen Sporthalle (mit großem Parkplatz) angeboten werden.

Elke Kegel-Mühl ist die Organisatorin des Wangener Zwillingsbasar, zu dem natürlich auch Drillingseltern und auch interessierte Einlingseltern Zutritt haben.

Seit 19 Jahren sorgt die Zwillingsmutter dafür, dass andere Zwillingseltern ihre gebrauchten Sachen wieder verkaufen und neue Zwillingseltern günstig einkaufen können. Ihre eigenen Zwillinge, Mona und Laura, helfen inzwischen mit, wenn die abgegebenen Kleidungsstücke nach Größen sortiert auf den vielen Tischen ausgestellt werden müssen. Und auch die nur 15 Monate ältere Tochter, Alina, ist mit von der Partie.

Das alles wäre aber kaum zu schaffen, wenn Elke Kegel-Mühl nicht auch Unterstützung durch ihr „Orgateam" hätte - rund 15 weitere Frauen, die natürlich alle ebenfalls Zwillingsmütter sind, unterstützen die rührige Allgäuerin bei ihrem Tun. „Und wer wird Nachfolgerin?" frage ich in die Runde, die mich freundlich aufgenommen hat. „Ach, das macht die Elke bestimmt noch die nächsten 20 Jahre", schallt es mir aus allen Kehlen entgegen.

Was Elke Kegel-Mühl auch noch macht, ist die Organisation des monatlichen Stammtisches. Der findet ebenfalls seit fast 290 Jahren statt und zwar immer montags (nach Terminvereinbarung) in der Weinstube Kempter, die mitten in der schönen Altstadt von Wangen liegt. Dort tauschen sich die Zwillingsmüter der Umgebung aus ... weniger die Väter.

Alle lachen, als sie erzählen, wie sich mal ein solcher zu ihnen „verirrt" hatte ... „Der war aber nur einmal da ..." lacht das Orgateam.

Was wird denn so Geheimnisvolles beim Stammtisch besprochen, dass es die Herren der Schöpfung nicht interessiert? Das Übliche, was Zwillingsmüttern den Alltag schwer macht: Enge Gänge beim Einkaufen gehen, neugierige Passanten, die dumme Fragen stellen, wenn man eh schon genervt ist ... und ja, die schlaflosen Nächte, die auch.

Kommt Euch bekannt vor? Mir auch. Und wieder einmal wird mir bewusst, wie wichtig so ein Austausch ist. Weiter so! (MvG)

Oben das Orgateam mit Elke Kegel-Mühl (in schwarz mit Blumen rechts hinter dem roten Tfk-Wagen). Unten: Anna und Marie warten schon mit Mama und Oma auf Einlass. Rechts: Felix (links) und Moritz vertreiben sich die Zeit mit Fußball. Und wir (nicht auf dem Foto) freuen uns auf ein Essen im Chinarestaurant Hongkong in Wangen, das Freunde von uns betreiben. Mehr dazu auf Seite 7.

MEHRLINGS-ABC: Vorbereitung auf den großen Ansturm

Keine Angst vor vielen Kindern - Info mit Inga

Das ist der Vorteil einer Großstadt: Hier gibt es ein Beratungsangebot, wovon die ländliche Bevölkerung nur träumen kann. In Berlin beispielsweise gibt Zwillingsmutter Inga Sarrazin, die auch Stillberaterin ist, werdenden Zwillings- und Drillingseltern einen praktischen Einblick in den Alltag mit mehreren Babys.

Alle zwei Monate machen sich circa zehn Teilnehmer in die Hebammenpraxis am Mauerpark (Berlin Prenzlauer Berg) oder in die Familienpraxis Mohnblume (Berlin Tegel) auf, um sich auf ihren zu erwartenden Mehrfachnachwuchs vorzubereiten.

Zwillingsmutter und Stillberaterin Inga Sarrazin gibt einen Kurs unter dem Namen „MehrlingsABC". Die Schwangerschaftsberaterin von Maternita gibt werdenden Zwillings- und Drillingseltern einen zweistündigen Einblick in das, was die jungen Eltern erwartet.

Sind auch Väter dabei? „Unbedingt!" sagt Inga Sarrazin, „das darf jedes Paar selbst entscheiden, aber erfahrungsgemäß ist es für die Väter eine gute Plattform und sie sind fast immer mit dabei."

Was erfahren die werdenden Eltern? „Das MehrlingsABC ist der Kurs, bei dem ich keine Geburtsvorbereitung mache, sondern über den Alltag mit Mehrlingen spreche, Erstausstattung, Hilfen, Finanzen, Stillen, Schlafen, Tragen etc.", erklärt Inga, „und ja, der Kurs ist auch für Drillinge, Vierlinge etc. Ich hatte auch schon drei Drillingsmamas dabei."

Die Kosten für den Kurs betragen 25 Euro pro Person beziehungsweise 40 Euro pro Paar, inklusive Informationsmaterial.

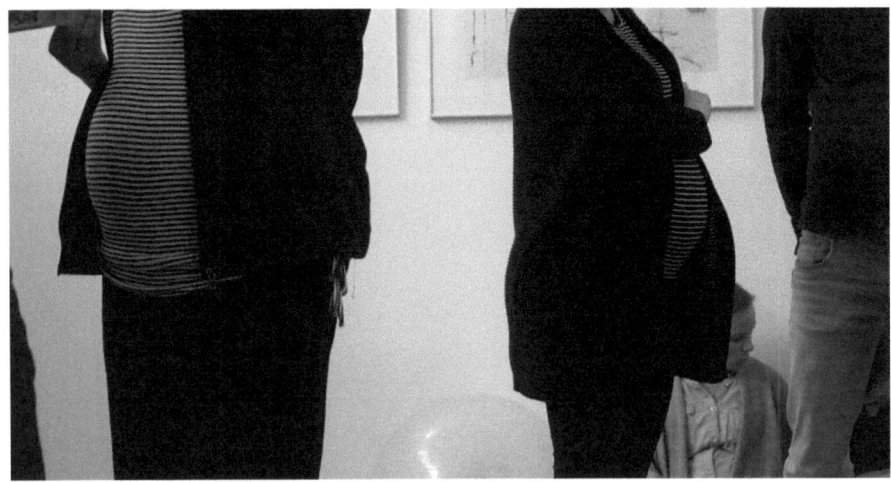

Werdende Eltern informieren sich ... die haben natürlich auch Köpfe. Aber hier geht's um den Bauch.

Rechts: Inga Sarrazin hat gut lachen. Als „Schwangerschaftsconcierge" für Maternita gibt sie Vorbereitungskurse für den Alltag mit Mehrlingen (auch Zwillingen).

Unten: Anschauungsmaterial - Bücher und Zwillingskissen.

Unten rechts: Schon mal Probehalten mit Puppenzwillingen.

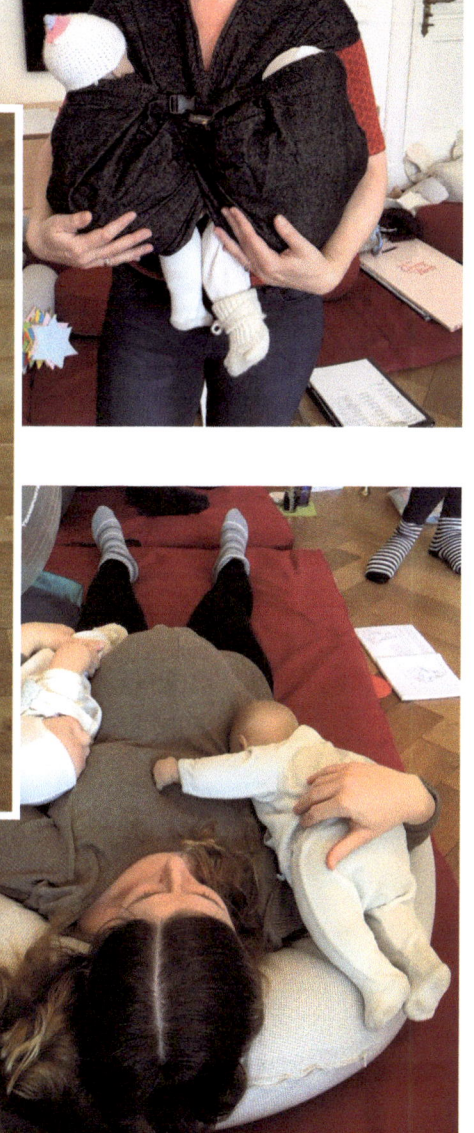

Wie läuft der zweistündige Kurs ab, der abends stattfindet, damit auch jeder Zeit hat, daran teilzunehmen? Inga zählt auf:
„In gemütlicher Runde gebe ich
- Tipps zur Wahl des Geburtsortes,
- Informationen zu Erstausstattung, Kinderwagenkauf, etc.
- Informationen zu Unterstützungsmöglichkeiten (Haushaltshilfe, Mütterpflegerin, ...)

- Erläuterungen zu Elterngeld & Co.
- Informationen zu Stillvorbereitung und Stillen
- Buch-, App- und lokale Tipps

Gerne beantworte ich Euch auch Eure individuellen Fragen."

Und welche Themengebiete sind für die Teilnehmer die wichtigsten? Inga erzählt:
- Alltagsgestaltung: was mache ich, wenn ein Kind schreit, während ich das andere versorge, synchronisieren ja oder nein, gleich anziehen ja oder nein, gleiches Bett ja oder nein?
- Brauche ich eine Hebamme mit Zwillingserfahrung?
- Wo bekomme ich Wochenbettunterstützung?
- Wie läuft das mit dem Schlafen?
- Kann ich meine Zwillinge stillen?
- Wo kann ich Zwillingswaagen kaufen?
- Wo kann mich austauschen, wo gibt es Gruppen für Zwillingseltern/Drillingseltern?
- Zwillingsutensilien: brauche ich einen Zwillingswagen, eine Zwillingstrage, ein Zwillingsstillkissen, welche Möglichkeiten gibt es?

Unterscheiden sich werdende Zwillingseltern von werdenden Drillingseltern? Aus Erfahrung weiß Inga: „Ja!!! Drillingseltern haben nur zwei Hände, zwei Brüste, aber drei Kinder und meiner Erfahrung nach sind sie die entspannteren Schwangeren und Eltern und extrem gut vorbereitet!"

Da sieht man es wieder mal: Man kann sich auch mehr verrückt machen, als einem gut tut.

Die nächsten Termine:

- Hebammenpraxis am Mauerpark, Freitag 17.05.2019 17:30-19:30 Uhr, Pankow/Prenzlauer Berg
- Hebammenpraxis am Mauerpark, Freitag 16.08.2019 17:30-19:30 Uhr, Tegel
- Familienpraxis Mohnblume, Freitag 13.09.2019 16:00-18:00 Uhr, Pankow/Prenzlauer Berg
- Hebammenpraxis am Mauerpark, Freitag 01.11.2019 17:30-19:30 Uhr, Tegel
- Familienpraxis Mohnblume, Freitag 22.11.2019 16:00-18:00 Uhr, Pankow/Prenzlauer Berg

Wo kann man sich anmelden?
- Mauerpark: https://kurse.hebammenpraxis-mauerpark.de
- oder info@maternita.de

Aus dem Leben eines Zwillingsvaters

Siegmar Stücher war einer der ersten Zwillingsväter, die zur Feder griffen und aus ihrem turbulenten Alltag mit Zwillingen berichteten. Sein Buch wird im Handel und bei uns unter www.twins.de angeboten.

ISBN 978-3-927058-34-7, 19,90 Euro, auch im Buchhandel (online & Ladengeschäfte)

REISEGEPÄCK FÜR ZWILLINGE: Trunki on tour ...

Wenn ich Kind wär, wollte ich einen Trunki

Immer, wenn ich selbst verreise und Kinder in der Wartezone am Flugplatz sehe, fallen sie mir auf: die Trunkis. Das sind Koffer für Kinder in ganz lustigen Designs und auf Rollen. Wäre ich Kind, so wünschte ich mir genauso einen Koffer, und hätte ich kleine Zwillinge, dann hätten diese einen Trunki.

Für Kinder ist das Reisen langweilig, vor allem, wenn es lange Strecken mit dem Auto zu bewältigen gilt. Deshalb macht es Sinn, die Reiselust durch ein tolles eigenes Gepäckstück zu erhöhen.

Trunki ist so ein toller Koffer. Ihn gibt es in vielen verschiedenen fröhlichen Designs - mit bekannten Tierfiguren aus Comicserien oder speziell für Prinzessinnen (in pink) oder für kleine Feuerwehrmänner (im Feuerwehrauto-Look).

Ganz ehrlich - mir zucken schon die Finger, dass ich meinem Enkelkind Josephine so einen Trunki kaufe ... aber die Kleine ist mit neun Monaten, wenn sie mit ihren Eltern „nur" nach Südtirol fährt, noch zu klein für einen solchen Koffer.

Was „kann" der Trunki? Also erst einmal besticht das lustige Design. Außer den bereits oben erwähnten Ausführungen gibt es den Trunki als „Grüffelo", „Pedro das Piratenschiff" oder „Una das Einhorn" und sicher auch dieses Jahr in neuen Farben und Ausführungen.

Zweitens bietet er nur ausreichend Stauraum für Kleidung und Spielsachen, und selbst kleinen Kindern macht es schon Spaß, den Trunki voller Vorfreude auf eine Reise zu packen.

Und drittens: Der Trunki lässt sich im Nu zum Rennwagen umfunktionieren. Vor allem auf Flugreisen ist der Trunki eine Bereicherung für Groß und Klein: Er ist kinderleicht zu ziehen und trägt als befahrbarer Koffer müde Kinderbeine quer durch endlose Flughafenhallen. Wenn der Nachwuchs beim Boarding mal schlappmacht, kann er auch kurzerhand bis zur Flugzeugkabine gezogen werden, denn der Trunki ist bei den meisten Fluggesellschaften als Handgepäck zugelassen.

Die Trunkis sind besonders strapazierfähig und darauf ausgelegt, mehrere Generationen zu überleben - so können sie zum Beispiel an jüngere Geschwister oder Freunde weitergegeben werden. Neben den befahrbaren Koffern gibt es von Trunki auch noch jede Menge weitere praktische Helfer für das Reisen mit Kindern wie kleine Nackenstützen oder wasserfeste Rucksäcke. (MvG)

Trunki? Muss ich haben ...

FLUGREISE: Zwillinge auf großer Tour mit ihren Eltern

Juhu! Wir fliegen in den Spreewald ...

Nicht immer lässt es das Schicksal zu, dass Eltern ihre Zwillinge da aufziehen können, wo ihre Heimat ist. Wo Opa, Oma und Ureltern helfend eingreifen können. Juli und Paula ergeht es so. Wenn sie ihre Ursprungsfamilie sehen wollen, müssen sie viele Kilometer fahren oder eben ... fliegen.

Wir leben in Baden-Württemberg und stammen aus dem Spreewald. Die Besuche in der Heimat sind rar gesät und so haben wir überlegt, ob wir sinnvollerweise nicht einmal mit dem Flugzeug nach Hause fliegen.

Wir fliegen voraus, das Gepäck kommt mit dem Papa im Auto.

Da mein Mann besonders vor den Feiertagen sehr viel arbeiten muss, sind die Kinder und ich die letzten zwei Weihnachten und zu Ostern schon mal ein paar Tage eher mit dem Flugzeug zu den Großeltern und Urgroßeltern „vorgeflogen".
Im Spreewald, die Heimat von uns Eltern, kommen zu Weihnachten und Ostern immer sehr viele Familienmitglieder und Freunde zusammen und alle sind scharf auf die Zwillinge Paula und Juli. Sie sind die einzigen Enkel und wir sind nicht so oft zu Besuch aufgrund von 600 Kilometer Entfernung zu unserem Wohnort.
Dadurch entstand die Idee, dass ich mit den Kindern ein paar Tage vor den Festlichkeiten mit dem Flugzeug anreise und der Papa dann mit dem Auto nachkommt. So haben wir ein ruhigeres und entspannteres Ankommen bei unseren Ursprungsfamilien gehabt.
Beim ersten Mal (Weihnachten 2017, die Zwillinge waren knapp 3,5 Jahre und es war ihr erster Flug) hatte ich ganz schön Bedenken, dass ich meine zwei quirligen Temperamentsbündel und/oder eines der drei (!) Handgepäckstücke verliere, bevor ich überhaupt durch die Sicherheitskontrolle mit ihnen bin... Aber wider Erwarten hat es jedes Mal super geklappt, wobei ich ehrlich zugeben muss, dass ich bei einer Situation auch mal drohen musste („Wenn Ihr jetzt nicht sofort hört, holt uns der Papa wieder ab und wir fliegen nicht!").
Durch den Flughafenspielplatz war auch die Zeit bis zum Boarding super zu überbrücken. Die Kinder spielten und wurden so ein bisschen die Energie der Vorfreude los und ich konnte mich ein wenig ausruhen.

Nach 21 Uhr ist der Flughafen schön leer ...

Wir sind jedes Mal unter der Woche nach 21 Uhr geflogen, was ich sehr angenehm fand, da wenig Leute auf dem Flughafen waren und es keine langen Schlangen bei den Sicherheitskontrollen gab. Preislich sind wir dadurch auch super weggekommen.
Mein Fazit: Fliegen mit Zwillingen ist kein Problem. So lassen sich die vielen Kilometer bis in die Heimat super überbrücken und das Gepäck kommt ja mit dem Papa im Auto hinterher. (Sarah K.)

Flughafen menschenleer, rote Mützen - so gehen Paula (links) und Juli nicht verloren ...

Faszination Flughafen - da gibt es so viel zu sehen, zum Beispiel Flugzeuge. Paula (rechts) und Juli staunen.

Und wenn das nicht reicht: hier gibt es einen Flughafen-spielplatz, auf dem sich Kinder (hier Paula) austoben können.

FLUGREISEN MIT KINDERN: So meistern Sie sie besser

Mit Zwillingen fliegen: Vorbereitung ist alles

Die meisten Eltern haben gehörig „Bammel" vor einem Flug mit kleinen und kleineren Zwillingen. In Amerika ist das nicht anders, allerdings sind dort auch die Entfernungen so viel größer, dass manchmal gar nichts übrig bleibt als zu fliegen. Wir haben deshalb den Beitrag einer Zwillingsmutter aus den USA für Euch übersetzt.

Sie überlegen, ob Sie einen Flug mit kleinen Zwillingen, eventuell Babyzwillingen wagen sollen? Hier sind einige Tipps, die es zu beherzigen gilt, wenn das Unternehmen gelingen soll.

- Recherchieren Sie vor dem Ticketkauf, welche Bedingungen bei welcher Airline für den Transort von Babys gelten. Es kann unter Umständen besser sein, eine Airline zu wählen, die mehr Komfort bietet, allerdings auch etwas teurer ist.

- Nehmen Sie sich sehr viel Zeit. Sorgen Sie dafür, dass weder auf dem Weg zum Flughafen noch auf dem Flughafen selbst Hektik ausbricht, weil sie mit der Zeit knapp dran sind. Wenn Sie Stress haben, überträgt sich das auf die Kinder.

- Sprechen Sie mit den Flugbegleitern, falls Ihr Flug nicht ausgebucht ist. Vielleicht dürfen Sie Plätze, die nicht besetzt sind, mitbenutzen.

- Seien Sie nachsichtig mit Ihren Kindern und überhaupt etwas lockerer. Sei es, dass Sie zu Hause bestimmte Sachen zum Essen oder Trinken grundsätzlich verbieten oder dass sie Ihren Kindern beibringen möchten, wie sie angemessen sprechen oder agieren ... Erziehung muss nicht in 10.000 Meter Höhe im Beisein von 300 anderen Passagieren stattfinden. Also: locker bleiben.

- Das heißt natürlich nicht, dass Sie zulassen, dass Ihre Kinder andere Passagiere nerven dürfen. Also kein Herumgerenne im Gang und kein Herumgeschreie.

- Nehmen Sie einen Sack voll Schnuller mit, wenn Ihre Zwillinge überhaupt einen Schnuller brauchen. Schnullersuchaktionen im Flieger sind lästig und es macht keinen Spaß, auf dem Fluzeugfußboden herumzukriechen, um verlorene Schnuller zu suchen.

- Lassen Sie nerviges Spielzeug zu Hause, also nichts mitnehmen, das quietscht, rasselt und andere Geräusche macht. Natürlich kann man ein Lieblingsspielzeug mitnehmen und an Bord gibt's ja auch kleine Geschenke.

Alte Hasen ... Juli (vorn) und Paula (hinten) fliegen nicht zum ersten Mal. Und sie haben entdeckt, dass Fliegen Spaß machen kann.

das Fliegen mit Kindern betrifft und hat viele gute Tipps parat. Hier die Ideen von Karin W. für das Fliegen mit Kleinkindern:

- Was gut gemeint ist, entpuppt sich als schlechter Rat. Spezielle Boarding-Zeiten für Familien und Vorab-Boarding für Familien mit Babys und Kleinkindern machen noch mehr Stress. Warten Sie lieber bis zur letzten Minute und gehen mit Ihren Zwillingen erst an Bord, wenn schon alle anderen im Flugzeug sind. Für Kinder gilt: Je weniger Zeit an Bord, desto weniger Stress.

- Lasst Eure Kinder während der Wartezeiten aufs Boarding ordentlich im Flughafenterminal herumrennen. Das macht sie müde.

Aber: Lassen wir auch nochmal eine andere Zwillingsmutter zu Wort kommen, die schon mit ihren Zwillingen geflogen ist, als diese knapp fünf Monate alt waren. Inzwischen ist sie „abgebrüht", was

Bella Italia - Gianni lädt an die Adria ein

Das Hotel Acquamarina freut sich auch im nächsten Sommer auf Gäste aus Deutschland. Hotelier Gianni spricht sehr gut Deutsch und freut sich immer wieder über Zwillingseltern, die bei ihm Urlaub machen. Wer ein bezahlbares Reiseziel mit Zwillingen sucht, kann hier günstig an der Adria Urlaub machen. Es gibt auch in diesem Jahr schöne Rabatte für Familien mit Kindern.
Mehr Information hier: Hotel Acquamarina, Via Virgilio 106, I-47814 Bellaria - Igea Marina, Telefon 0039-0541-331882,
E-mail: info@hotel-acquamarina.it

www.hotel-acquamarina.it

- Stört Euch nicht an den missgünstigen Blicken anderer Passagiere. Auch die werden Euch dankbar sein, dass sich Eure Zwillinge schon im Flughafen ausgepowert haben. Im Flugzeug sitzen die Kinder noch lange genug festgeschnallt.

- Suchen Sie sich Sitze aus, die möglichst nah an den Toiletten liegen. Das kann je nach Flugzeugtyp variieren. Meist kann man die Sitze ja von zu Hause aus reservieren. Sind die Toiletten in der Nähe, muss man nicht durch das ganze Flugzeug wanken, wenn einer mal muss ...

- Nehmen Sie das Lieblingsspielzeug Ihrer Zwillinge mit. Auch Bücher sind super, wenn sich Ihre Zwillinge für Bücher interessieren. An Bord kriegen Kinder meist auch noch ein kleines Spielzeug von der Airline geschenkt.

- Oder packen Sie Spielzeug ein, das die Kinder noch nicht kennen. Bis sie es kennengelernt haben (und es langweilig ist), sind Sie schon auf Mallorca gelandet.

- Nehmen Sie sicherheitshalber auch kleine Snacks mit. Essen lenkt auch immer ab und hält die Kinder zufriedener auf dem Sitz.

- Halten Sie auch immer Ersatzkleidung (im Handgepäck) bereit. Meist passieren kleinere Malheurs (in die Hose machen, Windel hält nicht dicht, Saft wird umgestoßen), wenn man es gar nicht brauchen kann.

- Ob das ein Tipp auch für Sie ist? Ich habe meinen Zwillingen immer die Schuhe an Bord ausgezogen. Sie saßen in Socken, weil sie die Schuhe grundsätzlich im Flugzeug verloren haben. Und es macht gar keinen Spaß, beim Vordermann auf der Suche nach Schuhen unter den Sitz zu krabbeln.

- Tauschen Sie Ihre Last mal mit Ihrem Mitflieger (Papa?) ... wenn die Zwillinge ab und zu mal Sitze tauschen können, haben sie weniger „Hummeln im Hintern".

- Klären Sie vor Ihrer Buchung, ob der Kinderwagen (vorzugsweise ein zusammenklappbarer „Regenschirm"-Buggy) mit an Bord genommen werden darf.

- Wenn Ihre Zwillinge mehr als zwei Jahre alt sind, muss ein eigener Sitz pro Kind gebucht werden. Die normalen Sicherheitsgurte sichern aber erst wirklich richtig, wenn Kinder über 1,20 Meter groß sind. Es empfiehlt sich einen Extragurt anzuschaffen, zum Beispiel das Hosenträger-Gurtsystem CARES.

- Als unsere Zwillinge 2,5 Jahre alt waren, packten wir jedem einen kleinen Rucksack mit allem, was sie so während des Fluges brauchen könnten. Das hat sie vom Streiten abgehalten und manchen Flug einfacher gemacht.

- Manche Eltern sind schon auf die Idee verfallen, kleine Geschenke an umsitzende, sich gestört fühlende Reisende auszugeben ... quasi als Entschuldigung für quirlige Zwillinge. Das halte ich für übertrieben. Ich hab auch noch nie eine „Entschädigung" erhalten, wenn ich neben einem Fluggast sitzen musste, der schnarchte oder beide Armlehnen als die seinen betrachtete ...

Gute Info auch unter: www.kidsaway.de

www.zwillingsburg.de

1-er, 2-er, 3-er Vehikel und mehr
MOBIL mit Kindern

Zwillingswickelauflage

Zwillingswiege

Unsere Zwillingsausstattung? Na klar von www.zwillingsburg.de!

- **Der** Spezialist für Mehrlingsartikel
- 10 % Zwillingsrabatt auf viele Artikel
- Lieferung auf Abruf: Wir lagern gerne Ihre Bestellungen bis zur Geburt

Gerne beraten wir Sie rund um das Thema Mehrlinge!
Annette Wulf · Tel. 08 41 – 15 96 736 · info@zwillingsburg.de · www.zwillingsburg.de

---

SCHÖNE MODE UND GESCHENKE **FÜR ZWILLINGE,** MÄDCHEN UND JUNGEN!

LiebZwei
DIE EINZIGARTIG SIND

www.liebzwei.de

ZU GUTER LETZT: Wenn der Vater mit den Söhnen ...

Less is more or more is less? Wenn der Vater mit den Söhnen ...

Was passiert, wenn man Zwillinge mit ihrem Vater zum Wertstoffhof schickt? Richtig. Es wird mehr statt weniger. Korbinian und Vinzenz haben „fette Beute" gemacht. Papa hat Müll weggebracht und zwei tolle Wasserpistolen gigantischen Ausmaßes gefunden ... (und mitgebracht).

Ich bin meinem Mann äußerst dankbar, dass er jeden Samstag, gerne auch mit unseren Zwillingssöhnen zusammen, den Weg zum Wertstoffhof antritt, um Unmengen von Altpapier, Glas und leider auch einiges an Plastikverpackungen zu entsorgen. Amüsant zu beobachten ist allerdings immer wieder, dass sich mein Mann bei dem vormittäglichem Samstagsaufräumen routinemäßig darüber beklagt, welche Massen an Spielzeug die Zwillinge besitzen. So ist er ständig bemüht, den Zwillingen noch kurz vor der Abfahrt, Sachen zur Entsorgung abzuschwatzen.

Nach der Wertstoffhoffahrt kehrt er nicht unbedingt mit weniger, aber immerhin mit anderen Sachen zurück. So fanden an diesem Samstag Mittag nicht nur zwei überdimensionierte Wasserpistolen neue Besitzer in Form unserer Söhne, sondern es hielten auch noch ein Werkzeugkoffer, eine Strandmuschel, vier kleine Plastikkinderstühle sowie ein Buch in unserem Haushalt Einzug. Bei dem anschlie-

Fragt sich, wer mehr Spaß an den Wasserpistolen hat ... der Vater mit dem Sammel-Gen oder seine Jungs Korbinian und Vinzenz?

ßenden Einkaufen im benachbarten Supermarkt hatte Korbinian nämlich ein „Pop-up-Buch" seines aktuellen Lieblingshelden „Feuerwehrmann Sam" entdeckt, zu dessen Kauf er seinen Vater sehr eloquent überredete. Um ja nicht mit weniger zurückzukehren als wie man gefahren ist, hatte Korbi meinen Mann so lange bequatscht, bis sich dieser schließlich breitschlagen ließ, auch die dazugehörige Taschenlampe mit fünf zu dem Buch passenden Geräuschen zu erwerben.

Unsere Taschenlampensammlung kann sich sehen lassen ...

Diese rote Taschenlampe darf nun unsere beachtliche Taschenlampensammlung komplettieren, die leider immer dann spurlos verschwunden ist, wenn für Übernachtungsparties, Nachtwanderungen oder Schullandheimaufenthalten dringend eine Taschenlampe benötigt würde, so dass dann zu dem jeweiligen Anlass spontan wieder eine neue erworben werden muss.
Mein Mann vereint jedenfalls in sich optimal das männliche Jagd- mit dem weiblichen Sammel-Gen. Erfreute sich das neue Popupbuch einige Minuten großer Beliebtheit (inklusive der üblichen heftigen Streitereien unter den Zwillingen), leistete es bald danach den vielen anderen unbeachteten und unbespielten Objekten in unserem Wohnzimmer Gesellschaft. Viel interessanter erschienen unseren Jungs nämlich die beiden neuen Wasserpistolen, die wie für sie gemacht schienen: zwei große, blauorange, imposante Spritzapparate im Zwillingslook.

Geschossen wird nicht auf Personen!

Da ich gerade mitten in den Mittagessensvorbereitungen war, ermahnte ich die Jungs eindringlich, dass sie ja nicht auf Personen damit schießen dürfen. Der Papa wiederholte anschließend meine mahnenden Worte. Keine zwei Minuten später vernahm ich ein lautes Wutgebrüll von Vinzi, unterbrochen von dem immer wiederkehrenden Satz: „Das sag ich der Mama." Ich versuchte mich auf das Kochen zu konzentrieren, da die Zeit mal wieder drängte, verfluchte innerlich aber schon Mal Korbi, der ja offensichtlich seinen Zwillingsbruder geärgert haben musste.
Tatsächlich erfuhr ich von einem tränenüberströmten Vinzi kurz darauf, dass es sich etwas anders als angenommen verhielt. „Nicht auf Leute schießen, aber er macht es selbst," schrie Vinzi völlig entrüstet und stürmte zu mir in die Küche. „Der Papa hat mich so viel mit Wasser bespritzt. Schau mal, jetzt ist meine ganze Hose nass."
Immer wieder beschleicht mich das Gefühl, ich habe eigentlich zwei kleine und einen großen Jungen zum Schimpfen, Erziehen und Beaufsichtigen.

Kinder brauchen auch einen Vater, der sie anschubst ;-))

Da kam mir diese wissenschaftliche Erkenntnis einer Evolutionsanthropologin gerade recht: „Die Evolution vermeidet Redundanz: Die Rollen von Vater und Mutter sind unterschiedlich angelegt. Das Kind benötigt beide. Wenn die Eltern mit dem Kind interagieren, sehen wir bei der Mutter vor allem eine Aktivierung im limbischen System des Gehirns, wo die Gefühle sitzen, die Fürsorge, das Behüten. […] Bei dem Vater sehen wir eine Aktivierung im Neokortex. […] Er hat den Drang, das Kind anzuschubsen, seinen Grenzen entgegen. Es geht darum, dass das Kind die Welt entdeckt, wie es mit Risiken umgeht, auch mit einem Versagen."
Lieber Vinzenz, dann hast Du es doch mit Deinen beiden Eltern in Kombination gar nicht so schlecht getroffen … (Dorothea F.)

ÄLTERE HEFTE: diese Ausgaben kann man noch bestellen

Folgende Ausgaben unserer neuen Zeitschrift sind jederzeit & immer zu haben unter www.twins.de und auf allen gängigen Internet-Buchbestell-Portalen. Als Buch für 9,90 €, als E-Book für nur 7,99 € (nur bis Ausgabe 17). Von Ausgabe 01 bis inklusive Ausgabe 20 wurde das Magazin unter dem Titel: „Das neue ZWILLINGE Magazin" veröffentlicht. Danach haben wir die Zeitschrift umbenannt, damit sie im Internet besser gefunden wird.

- Das neue ZWILLINGE Magazin - Ausgabe 01: ISBN 978-3-927058-22-4 (print 9,90 €)
- Das neue ZWILLINGE Magazin - Ausgabe 02: ISBN 978-3-927058-25-5 (print 9,90 €)
- Das neue ZWILLINGE Magazin - Ausgabe 05: ISBN 978-3-927058-36-1 (print 9,90 €)
- Das neue ZWILLINGE Magazin - Ausgabe 06: ISBN 978-3-927058-53-8 (print 9,90 €)
- Das neue ZWILLINGE Magazin - Ausgabe 07: ISBN 978-3-927058-60-6 (print 9,90 €)
- Das neue ZWILLINGE Magazin - Ausgabe 08: ISBN 978-3-927058-65-1 (print 9,90 €)
- Das neue ZWILLINGE Magazin - Ausgabe 09: ISBN 978-3-927058-67-5 (print 9,90 €)
- Das neue ZWILLINGE Magazin - Ausgabe 10: ISBN 978-3-927058-73-6 (print 9,90 €)
- Das neue ZWILLINGE Magazin - Ausgabe 11: ISBN 978-3-927058-79-8 (print 9,90 €)
- Das neue ZWILLINGE Magazin - Ausgabe 13: ISBN 978-3-927058-84-2 (print 9,90 €)
- Das neue ZWILLINGE Magazin - Ausgabe 14: ISBN 978-3-927058-90-4 (print 9,90 €)
- Das neue ZWILLINGE Magazin - Ausgabe 15: ISBN 978-3-927058-93-4 (print 9,90 €)
- Das neue ZWILLINGE Magazin - Ausgabe 16: ISBN 978-3-927058-95-8 (print 9,90 €)
- Das neue ZWILLINGE Magazin - Ausgabe 17: ISBN 978-3-927058-97-2 (print 9,90 €)
- Das neue ZWILLINGE Magazin - Nr. 18: ISBN 978-3-927058-99-6 (nur print - 7,99 €)
- Das neue ZWILLINGE Magazin - Nr. 19: ISBN 978-3-927058-39-2 (nur print - 7,99 €)
- Das neue ZWILLINGE Magazin - Nr. 20: ISBN 978-3-927058-43-9 (nur print - 7,99 €)
- ZWILLINGE - DAS MAGAZIN - Nr. 21: ISBN 978-3-927058-46-0 (nur print - 7,99 €)
- ZWILLINGE - DAS MAGAZIN - Nr. 22: ISBN 978-3-743141-65-0 (nur print - 7,99 €)
- ZWILLINGE - DAS MAGAZIN - Nr. 24 ISBN 978-3-7431-6633-2 (print 7,99 €)
- ZWILLINGE - DAS MAGAZIN - Nr. 25 ISBN 978-3-7431-7302-6 (print - 7,99 €)
- ZWILLINGE - DAS MAGAZIN - Nr. 26 ISBN 978-3-7448-1375-4 (print - 7,99 €)
- ZWILLINGE - DAS MAGAZIN - Nr. 27 ISBN 978-3-7448-6986-7 (print - 7,99 €)
- ZWILLINGE - DAS MAGAZIN - Nr. 28 ISBN 978-3-7448-9922-2 (print - 7,99 €)
- ZWILLINGE - DAS MAGAZIN - Nr. 29 ISBN 978-3-7460-1535-4 (print - 7,99 €)
- ZWILLINGE - DAS MAGAZIN - Nr. 30, ISBN 978-3-7460-6536-6 (Print - 7,99 €)
- ZWILLINGE - DAS MAGAZIN - Nr. 31, ISBN 978-3-7460-7517-4 (Print - 7,99 €)
- ZWILLINGE - DAS MAGAZIN - Nr. 32, ISBN 978-3-7528-5015-4 (Print - 7,99 €)
- ZWILLINGE - DAS MAGAZIN - Nr. 33, ISBN 978-3-7528-3996-8 (Print - 7,99 €)
- ZWILLINGE - DAS MAGAZIN - Nr. 34, ISBN 978-3-7448-8516-4 (Print - 7,99 €)
- ZWILLINGE - DAS MAGAZIN - Nr. 35, ISBN 978-3-7481-8206-1 (Print - 7,99 €)
- ZWILLINGE - DAS MAGAZIN - Nr. 36, ISBN 978-3-7481-7183-6 (Print - 7,99 €)
- ZWILLINGE - DAS MAGAZIN - Nr. 37, ISBN 978-3-7392-0469-7 (Print - 7,99 €)
- alle übrigen sind inzwischen ausverkauft

Jedes Magazin (Buch) im Internet oder über www.twins.de
Ausgaben 01 - 17 und ab Ausgabe 24 auch wieder als E-Book auf
Amazon & anderen Portalen für 5,99 €.

Nächste Ausgabe: ZWILLINGE - DAS MAGAZIN -
Ausgabe 39 = Juli/August 2019 voraussichtlich ab 29. Juli 2019*)

*) da das Heft bei Books on Demand produziert wird, können wir keinen definitiven Termin für das Erscheinen angeben, da wir auf die Produktionszeiten von BoD keinerlei Einfluss haben.